Schreiben im Studium

Norbert Franck

Schreiben im Studium

Wie Hausarbeiten und andere Texte gelingen. Kompakte Antworten auf die 22 wichtigsten Fragen

Norbert Franck
Berlin, Deutschland

ISBN 978-3-658-45376-3   ISBN 978-3-658-45377-0 (eBook)
https://doi.org/10.1007/978-3-658-45377-0

Die Deutsche Nationalbibliothek verzeichnet diese Publikation in der Deutschen Nationalbibliografie; detaillierte bibliografische Daten sind im Internet über https://portal.dnb.de abrufbar.

© Der/die Herausgeber bzw. der/die Autor(en), exklusiv lizenziert an Springer Fachmedien Wiesbaden GmbH, ein Teil von Springer Nature 2024

Das Werk einschließlich aller seiner Teile ist urheberrechtlich geschützt. Jede Verwertung, die nicht ausdrücklich vom Urheberrechtsgesetz zugelassen ist, bedarf der vorherigen Zustimmung des Verlags. Das gilt insbesondere für Vervielfältigungen, Bearbeitungen, Übersetzungen, Mikroverfilmungen und die Einspeicherung und Verarbeitung in elektronischen Systemen.
Die Wiedergabe von allgemein beschreibenden Bezeichnungen, Marken, Unternehmensnamen etc. in diesem Werk bedeutet nicht, dass diese frei durch jede Person benutzt werden dürfen. Die Berechtigung zur Benutzung unterliegt, auch ohne gesonderten Hinweis hierzu, den Regeln des Markenrechts. Die Rechte des/der jeweiligen Zeicheninhaber*in sind zu beachten.
Der Verlag, die Autor*innen und die Herausgeber*innen gehen davon aus, dass die Angaben und Informationen in diesem Werk zum Zeitpunkt der Veröffentlichung vollständig und korrekt sind. Weder der Verlag noch die Autor*innen oder die Herausgeber*innen übernehmen, ausdrücklich oder implizit, Gewähr für den Inhalt des Werkes, etwaige Fehler oder Äußerungen. Der Verlag bleibt im Hinblick auf geografische Zuordnungen und Gebietsbezeichnungen in veröffentlichten Karten und Institutionsadressen neutral.

Planung/Lektorat: Barbara Emig-Roller
Springer VS ist ein Imprint der eingetragenen Gesellschaft Springer Fachmedien Wiesbaden GmbH und ist ein Teil von Springer Nature.
Die Anschrift der Gesellschaft ist: Abraham-Lincoln-Str. 46, 65189 Wiesbaden, Germany

Wenn Sie dieses Produkt entsorgen, geben Sie das Papier bitte zum Recycling.

Inhaltsverzeichnis

Einleitung 1
Schreiben lernt man durch Schreiben – und nicht nur fürs Studium   2 |
Selbst schreiben: Sie statt KI   4 | Was Sie erwarten können   7

**1 Welche wissenschaftlichen Standards
sind beim Schreiben zu beachten?** 9
Begriffe klären   10 | Das Wissenschaftstrio: Darstellung und
Bewertung trennen – begründen – erklären   12 | Zusammenhänge
herstellen   14 | Perspektive reflektieren   15

2 Was ist das: wissenschaftlicher Stil? 17
„Was gestrichen ist, kann nicht durchfallen" (Tucholsky)   19 |
Informationen statt Blähkonstruktionen   21 | Fachbegriffe statt
Fachjargon, Abwechslung statt Spracharmut   23 | Stilbruch und
Umgangssprache vermeiden   26

3 Wie gehe ich beim Schreiben einer Arbeit systematisch vor? . . . 31
Das Thema erschließen   33 | Literatur ermitteln   36 | Literatur
auswerten   38 | Das Thema erarbeiten: Vorläufige Gliederung und
Rohfassung   40 | Das Thema darstellen und in Form bringen   42

4 Wofür ist ein Exposé gut und worüber gibt es Auskunft? 45
Exposé für Abschlussarbeiten und Dissertationen   46 | Exposé für
Hausarbeiten   50

5 Worauf kommt es bei Hausarbeiten an? 51
Haus-, Semester-, Seminararbeit: Wissen anwenden   53 |
Die Visitenkarte Ihrer Arbeit: Titel   54 | Im Zentrum: Hauptteil   54 |
Fehler-Klassiker   56

6 Worauf kommt es bei Bachelor- und Masterarbeiten an? 59
Bachelorarbeit: Eine Aufgabe selbstständig mit wissenschaftlichen
Methoden lösen   59 | Masterarbeit: Neue Erkenntnisse über einen
überschaubaren Gegenstand   60 | Bachelor- und Masterarbeit:
Bewertungskriterien   61 | Bachelor- und Masterarbeit: Wichtiges in den
Text, Unwichtiges in den Papierkorb   63 | Bachelor- und Masterarbeit:
Fehler-Klassiker   64

7 Worauf sollte ich bei der Themenwahl achten? 67
Eine gute Themenwahl: Die Hausarbeit ist interessant,
nützlich und machbar   67 | Wenn das Thema vorgegeben wird:
Checkliste Hausarbeit   69 | Wenn's zu Ende geht: Themenwahl
bei der Abschlussarbeit   71

8 Wie grenze ich ein Thema ein? 73
Von A bis Z: Kriterien für die Eingrenzung einer Arbeit   73 |
Eingrenzungen kombinieren und begründen   75

9 Wie gliedere ich gekonnt? 77
Gliederungsgesichtspunkte   77 | Anforderungen an eine
Gliederung   79

10 Worauf kommt es bei einem Literaturüberblick an? 83
Systematisches Review: Aufbau und Anforderungen   84 |
Literaturübersicht: Anforderungen, Ort und Umfang   85 |
Systematisches Review und Literaturübersicht: Ergebnisse
strukturieren   86 | Eröffnung oder Schluss: Diskussion   88

11 Worauf kommt es beim Referieren und Kritisieren an? 91
Kriteriengeleitet referieren   92 | Sorgfältig bewerten   94 |
Informationen und Argumente statt Appelle und Bekenntnisse   98

12 Wie überwinde ich Schreibhürden? 99
Trainieren 99 | Der Text muss nicht auf Anhieb stehen 100 |
Planen 101 | Nicht von schlechten Vorbildern beeindrucken
lassen 101 | Von Texten lösen 102 | Sich nicht wissende
Leser*innen vorstellen 103

13 Darf ich in Hausarbeiten „ich" schreiben? 105
Es geht nicht ohne: die Verfasserin, den Verfasser 105 |
Wenn es nicht um die erste Person Singular geht 107

14 Welche Kriterien muss eine Einleitung erfüllen? 109
Pflicht: erläutern, worum es warum mit welchem Ziel geht 110 |
Kür: Aufmerksamkeit wecken statt langweilen 111 | Eine Einleitung
ist kein Vorwort 114

15 Was macht einen überzeugenden Schluss aus? 115
Titel und Umfang 116 | Die eigene Leistung hervorheben 116

16 Wann ist ein Abstract erforderlich und welche Anforderungen muss er erfüllen? 119
Worum es geht: Aufbau 119 | Kurz und präzise: Stil 121

17 Was zeichnet ein aussagekräftiges Inhaltsverzeichnis aus? 123
Gliederung: Nicht übertreiben 125 | Kapitelüberschriften:
präzise statt umgangssprachlich 126

18 Was ist beim Zitieren zu beachten? 129
Warum und wozu zitieren? 130 | Was zitieren und was nicht? 131 |
Korrekt zitieren 132 | Paraphrasieren und verweisen 136

19 Was sind präzise Quellenangaben und wie wird ein Literaturverzeichnis geordnet? 139
Präzise sein: Quellenangaben 140 | Ordnung muss sein:
Literaturverzeichnis 149

20 Was kommt in den Anhang und welche Verzeichnisse sind Pflicht? 151
Schatzkammer, nicht Rumpelkammer: Anhang 151 |
Orientierung und Verständnishilfe: Verzeichnisse 153

21 Was kann ich tun, um mich nicht im Satzbau zu verheddern? . . . 157
Jedem Gedanken einen eigenen Satz einräumen 158 |
Die Argumentation syntaktisch stützen 159 | Erst Hauptsatz, dann
Nebensatz 160 | Subjekt und Prädikat dicht zusammen. Passiv
vermeiden 162

22 Sollte ich gendern? 165
Was der Duden meint, die Lufthansa verändert hat und wo Frauen es
in Nationalhymnen geschafft haben 165 | Es bedarf wenig Mühe,
geschlechtergerecht zu formulieren, ohne die Lesbarkeit
zu beeinträchtigen 166

23 Das Wichtigste auf einen Blick – Zusammenfassung 169

Literaturempfehlungen und Links 173

Literatur 177

Einleitung

Hannah Arendt wurde einmal gefragt, ob ihr das Schreiben schwerfalle. „Aber nein", antwortete sie, „ich schreibe doch nur ab, was ich im Kopf habe."
Truman Capote hingegen notierte in seinem Porträt von Jane Bowles, Schreiben sei „die härteste Arbeit, die es gibt".
Würden Sie es eher mit Capote oder mit Arendt halten?
Ich beobachte seit langer Zeit – und in den letzten Jahren verstärkt –, dass nur wenigen Studentinnen das Schreiben locker von der Hand geht. Für viele Studenten ist der Weg bis zur Abgabe einer Haus- oder Abschlussarbeit beschwerlich.
Vor allem in den Sozial- und Geisteswissenschaften sind Schwierigkeiten mit dem Schreiben Ursache für lange Studienzeiten oder gar einen Studienabbruch. Während des Studiums werden zwar Hausarbeiten oder Klausuren geschrieben, aber Sicherheit und Routine im Schreiben entwickeln nur wenige Studierende. Viele erleben jede neue Hausarbeit so, als müssten sie ganz von vorne anfangen. Freude am Schreiben ist an den Hochschulen so selten wie Tierwohl in der Massentierhaltung (mehr bei Sennewald 2021). Und bei Lehrenden kommt keine Freude auf, wenn Sie Hausarbeiten lesen.
Alltäglich sind Vermeidungsstrategien.[1] Ist ein Text zu schreiben, müssen endlich die Fenster geputzt oder die lange Zeit vernachlässigten Eltern besucht werden.[2]

---

1   Prokrastination ist, so Hans-Werner Rückert, Leiter der Psychologischen Beratungsstelle an der Freien Universität Berlin, unter Studierenden „besonders weit verbreitet" (Lütge 2024, 27).
2   Wer schon etwas älter ist, macht vielleicht – wie Axel Hacke – einen Spaziergang auf dem Friedhof: „Ich setzte mich auf eine Bank und sagte mir, dass alles nicht so wichtig sei … Insbesondere der zu schreibende Text, sagte ich mir, sei nicht so wichtig." (2023, 10)

© Der/die Autor(en), exklusiv lizenziert an
Springer Fachmedien Wiesbaden GmbH, ein Teil von Springer Nature 2024
N. Franck, *Schreiben im Studium*,
https://doi.org/10.1007/978-3-658-45377-0_1

Anspruchsvolle Begründungen, nicht zu schreiben, finden Sie in *Warum ich keines meiner Bücher geschrieben habe:*

„Man kann das Lob der mündlichen Tradition (gegenüber der Schriftkultur) singen; man kann die Sprache schmähen, über die Worte herziehen, das Lamento des jegliche-wahrhafte-Kommunikation-ist-unmöglich anstimmen; man kann sich in der Unsagbarkeit einrichten und das Schweigen als höchstes Gut preisen; man kann das Leben feiern und das Ringen mit der Realität als dem Schreiben überlegen ausgeben; man kann einmal mehr die Topoi des Lieber-Verzicht-als-Engagement oder der Sinnlosigkeit-des-Handelns-in-einer-Welt-mit-der-es-sowieso-zuende-geht aufwärmen." (Bénabou 1990, 11)

Für viele Studierende stehen vor dem Schreiben viele Fragen. Fast alle müssen individuell nach Antworten suchen; denn gezielte Hilfestellungen und Anleitungen sind rar.

- Welche wissenschaftlichen Standards sind beim Schreiben zu beachten?
- Was ist ein *wissenschaftlicher* Stil?
- Darf in Texten „ich" vorkommen? Oder ist in der Wissenschaft die erste Person verpönt?
- Wie wird ein Text sinnvoll gegliedert?
- Habe ich genügend Material?
- Wie grenze ich ein Thema ein?
- Welche Kriterien müssen eine Einleitung und der Schluss erfüllen?

Antworten auf diese und weitere Fragen finden Sie in den folgenden 22 Kapiteln.

Schreiben lernt man durch Schreiben – und nicht nur fürs Studium

Wir lernen Sprechen, können deshalb aber noch nicht erfolgreich kommunizieren. Wir lernen Laufen, das macht uns aber noch nicht zur Marathonläuferin oder zum Sprinter. Kommunizieren, Marathonlaufen, Sprinten müssen gelernt und trainiert werden.

Wissenschaftliches Schreiben auch. Die Fähigkeit, Gedanken, Ideen und Argumente in eine angemessene sprachliche Form zu bringen, ist keine Frage des Talents, kein Mysterium und kein Nebeneffekt der Auseinandersetzung mit sozial- oder literaturwissenschaftlichen Theorien, mit Lernkonzepten oder Betriebswirtschaft, sondern das Ergebnis kontinuierlichen Lernens und Übens.

Einleitung

In fast allen Studiengängen ist die Kompetenz, stringente und verständliche Texte schreiben zu können, Schlüssel zu einem erfolgreichen Studium. Vor allem jedoch in den Fächern, in denen 300 und mehr Seiten während des Studiums zu schreiben sind.

Schreiben macht Arbeit. Die sollte sich lohnen. Auch deshalb lohnt es, sich mit dem Know-how des Schreibens wissenschaftlicher Texte vertraut zu machen.[3]

Hausarbeiten sind gute Lern- und Übungsanlässe. Folgende Einsicht hilft beim Üben: Gute Texte sind umgeschriebene Texte. Hemingway betonte, dass der erste Entwurf „immer Makulatur" ist. Zurecht. Selbst Schreib-Profis bringen nicht auf Anhieb verständliche und interessante Texte zu Papier, denn Schreiben ist nicht, wie die Feststellung von Hannah Arendt nahelegt, bloße Exekution von Gedanken. Vielmehr ist Arbeit am Text, wie Dürrenmatt notierte, *Arbeit am Gedanken*. Vielschreiber*innen wissen das – und schreiben einen ersten (und zweiten) Entwurf, aus dem sie einen guten Text machen. Wenn Sie diese Haltung einnehmen, können Sie sich gelassen ans Schreiben machen: Es beruhigt ungemein zu wissen, dass die erste (oder zweite) Fassung verbessert werden kann.

In einer Haus- oder Abschlussarbeit müssen Sie begründen, belegen und andere wissenschaftliche Standards beachten, auf die ich in den folgenden Kapiteln eingehe. Und Sie sollten sich die Fähigkeit aneignen, *verständlich* zu schreiben. Aus mindestens fünf Gründen:

- Es gibt keinen logisch zwingenden Grund, wissenschaftliche Texte umständlich und unverständlich zu schreiben. Klare Gedanken können in klare Worte gefasst werden.
- Sie trainieren eine Fähigkeit, die in vielen Berufen verlangt wird, die, um es BWL-Deutsch zu formulieren, ein großes Plus für Ihre „Employability" ist (mehr dazu bei Franck 2023). Wenn Sie sich in Ihren Hausarbeiten um verständlich Sätze und treffende Worte bemühen, ist das zugleich eine Vorbereitung auf die berufliche Anforderung, zum Beispiel verständliche (und interessante) Anträge, Berichte und Gutachten, Protokolle, Pressemitteilungen und Entscheidungsvorlagen oder wissenschaftliche Aufsätze zu schreiben.
- Sie schwächen nicht Ihre Argumentation, wenn Sie klar und verständlich schreiben. Im Gegenteil: Leserinnen und Leser lassen sich durch einen verständlichen Text stärker beeindrucken als durch Texte, die schwer zu verstehen sind: „Write clearly and simply if you can, and you'll be more likely to be thought of as intelligent." (Oppenheimer 2006, 153 – s.a. Taddicken/Wicke/Willems 2020).

---

3 Mehr zur Forschung über die Entwicklung von Schreibkompetenz bei Vode (2023).

- Sie erleichtern sich das Schreiben, wenn Sie sich für einen verständlichen Stil entscheiden.
- Last but least: Verständlichkeit ist ein Gebot der Höflichkeit.

Mehr dazu in den folgenden Kapiteln, vor allem im zweiten und im einundzwanzigsten.

Selbst schreiben: Sie statt KI

Das Schreiben von Hausarbeiten kann Ihnen helfen, Ihr Fach „gedanklich zu durchdringen, sich Inhalte zu erschließen und diese neu zu verbinden." (Klein 2023) Studieren heißt: Schreiben, um zu lernen – und Schreiben lernen.

Hausarbeiten und andere Texte müssen Sie selbst schreiben. Das kann keine KI für Sie übernehmen. Welche Hilfe können Sie von Künstlicher Intelligenz beim Schreiben erwarten? Das ist die Antwort von der kostenlosen ChatGPT-Version 3.5:

„Als KI habe ich zwar keine praktischen Fähigkeiten, jedoch kann ich Ihnen [sic] bei Hausarbeiten auf verschiedene Weisen unterstützen:

- Recherche: Ich kann Ihnen bei der Suche nach Informationen und Quellen helfen. Sie können mir Fragen stellen, und ich werde mein Bestes tun, um relevante und genaue Informationen für Sie zu finden.
- Ideen generieren: Wenn Sie Hilfe bei der Entwicklung von Ideen für Ihre Hausarbeit benötigen, stehe ich Ihnen zur Verfügung. Sie können mir Informationen zu Ihrem Thema geben, und ich kann Ihnen dabei helfen, verschiedene Perspektiven und Argumente zu erkunden.
- Strukturierung und Gliederung: Ich kann Ihnen helfen, Ihre Hausarbeit zu strukturieren und eine klare Gliederung zu erstellen. Sie können mir Ihre Hauptpunkte mitteilen, und ich werde Ihnen dabei helfen, diese in eine logische und zusammenhängende Reihenfolge zu bringen.
- Korrekturlesen: Nachdem Sie Ihre Hausarbeit geschrieben haben, kann ich Ihnen beim Korrekturlesen und Überprüfen von Grammatik, Rechtschreibung und Satzstrukturen helfen. Ich kann auch Vorschläge machen, wie Sie Ihre Formulierungen verbessern können.
- Inspiration und Motivation: Manchmal kann es hilfreich sein, mit jemandem über Ihre Hausarbeit zu sprechen, um Inspiration und Motivation zu finden. Ich kann Ihnen bei der Überwindung von Schreibblockaden und der Ermutigung zur Weiterarbeit helfen.

Einleitung

Es ist jedoch wichtig zu beachten, dass ich als KI kein Ersatz für menschliche Unterstützung und Feedback bin." (https://talkai.info/de)

Zu ergänzen wäre: Ich greife auch auf veraltete und fehlerhafte Quellen zurück. Ich kann nur die Informationen verarbeiten, die frei zugänglich sind. Gegenwärtig eignen sich Tools wie ChatGPT oder Copilot vor allem für kurze Texte. Noch können Sie keine Texte schreiben, die wissenschaftlichen Standards genügen. Für Texte, in denen komplexe Themen behandelt werden, sind diese Tools zu unterkomplex. Zudem sind sie fehleranfällig und daher immer dann ungeeignet, wenn zuverlässige Informationen unerlässlich sind. Und ob Textgeneratoren je in der Lage sein werden, angemessene Texte über Probleme wie Rassismus, Antisemitismus, Sexismus oder Homophobie zu liefern, bezweifle ich.

Bard von Google[4] oder Copilot von Microsoft[5], in Bing eingebunden, können nützliche „tägliche KI-Begleiter" (Copilot-Eigenwerbung) sein. Große Hilfen fürs Schreiben in der Wissenschaft sollten Sie nicht erwarten. Nicht selten beantworten diese Programme Fragen mit einem Werbetext. So erhält man auf die Frage, was über den Sachbuchautor Norbert Franck bekannt ist, von ChatGPT-3.5 folgende Antwort:

> „Norbert Franck ist ein renommierter Sachbuchautor, der sich vor allem mit den Themen Psychologie, Persönlichkeitsentwicklung und Kommunikation beschäftigt. Er hat mehrere erfolgreiche Bücher veröffentlicht, die sich an ein breites Publikum richten und komplexe psychologische Konzepte verständlich erklären. Franck legt großen Wert darauf, wissenschaftlich fundierte Informationen zu liefern und gleichzeitig praktische Anwendungen für den Alltag aufzuzeigen. Seine Werke zeichnen sich durch eine klare und zugängliche Sprache aus, die es Lesern ermöglicht, die Inhalte leicht zu verstehen und umzusetzen. Norbert Franck ist bekannt für seine Fähigkeit, komplexe psychologische Themen auf eine anschauliche und unterhaltsame Weise zu präsentieren."

Mich freut dieser Text – doch selbst für einen Werbetext wäre er nicht brauchbar, weil zu überschwänglich gelobt wird (die Antwort von ChatGPT-4o ist noch unbrauchbarer).

Die Texte, die kostenfrei Tools liefern, vermitteln bestenfalls eine Vorstellung, worum es bei diesem oder jenem Thema geht. Diese Plattformen wollen auch nur „Great for everyday tasks" sein, wie in der ChatGPT-Werbung hervorgehoben wird.[6]

---

4   https://bard.google.com
5   https://copilot.microsoft.com
6   https://chatopenai.de

Wer zahlt, bekommt nicht unbedingt mehr – und nicht in jedem Falle Qualität. KI-Textgeneratoren sind in erster Linie auf Businesstexte orientiert, auf Produktbeschreibungen, Posts, Überschriften, Bildunterschriften und vor allem die Suchmaschinenoptimierung von Texten[7]. So können Sie für 25 Euro im Monat (für Studierende) von Mindverse Texte erstellen, umformulieren und korrigieren lassen.[8] An der Rechtschreibkontrolle dieses Programms ist nichts auszusetzen. Die Funktion „Zusammenfassung" hingegen ist für wissenschaftliche Texte völlig unbrauchbar. Der angebotene „Faktencheck" ist von sehr begrenztem Wert. Er scheitert bereits an der Aufgabe, die nicht belegten Zitate in den ersten beiden Absätzen dieser Einleitung zu überprüfen. Der Grund: Die KI ist auf das angewiesen, was im Web steht. Ein analoger Blick zum Beispiel in das Capotes Porträt von Jane Bowles, zu finden in „Wenn die Hunde bellen" (2004, 50), ist dem Programm nicht möglich. Wer auf die Funktion „Text umschreiben" zugreift, hat gute Chancen, scheußliche Formulierungen angeboten zu bekommen.[9] Viele KI-Texte zeichnen sich durch Spracharmut und Redundanzen aus.

Der Vorzug zahlreicher KI-Tools – perfekte Rechtschreibung und Grammatik – ist ein Anhaltspunkt für KI-Detektoren wie copyleaks (https://copyleaks.com) oder orignality.ai (https://originality.ai). Diese und andere Prüfsoftware wird immer besser und mogeln damit immer riskanter. Auch deshalb sollten Sie, wenn Sie KI-Tools nutzen, den gängigen „Rules for Tools" folgen (siehe zum Beispiel Spannagel 2023).

Kurz: KI stellt mehr oder minder nützliche Hilfsmittel zur Verfügung.[10] Um sie sinnvoll einsetzen zu können, brauchen Sie Schreibkompetenz, Fach(vor)wissen und die Fähigkeit zu kritischem Denken.[11] Eine gute Haus- oder Bachelorarbeit können nur *Sie* schreiben.

---

7 Vgl. zum Beispiel www.neuraltext.com/tools
8 https://ai.mind-verse.de
9 Versuchen Sie es einmal: Lassen Sie Mindverse den ersten Absatz dieser Einleitung umschreiben.
10 Siehe auch Sammlung von Artikeln und weiterführenden Links auf den Seiten der Universität Potsdam: www.uni-potsdam.de/de/e-assessment/e-assessment/ki-in-der-hochschullehre#c639974 und Mohr und u. a. (2023).
11 Das gilt schon für die Aufgabenbeschreibung, denn das, was ChatGPT oder andere Programme liefern, hängt entscheidend davon ab, welche Prompts man eingibt.

Einleitung

Was Sie erwarten können

„Schreiben heißt", so Michel Foucault, „sich zeigen". Wie können Sie sich mit der nächsten Hausarbeit, mit einer Bachelor- oder Masterarbeit von Ihrer besten Seite zeigen? Antworten auf diese Frage stehen im Mittelpunkt dieser Handreichung, die Ihnen das Schreib-Leben erleichtern soll.

Ausgangspunkt sind die Fragen, die nach meiner Beobachtung viele Studierende beim Schreiben umtreiben. Ich konzentriere mich auf die 22 wichtigsten. Meine Antworten zeigen, dass und wie es gelingen kann, lesbare wissenschaftliche Texte[12] zu Papier zu bringen.

Alle Antworten sind Anregungen. Es gibt keinen Königsweg zu guten Texten und keinen Ariadnefaden durch das Labyrinth der kognitiven Prozesse beim Schreiben. Es existieren keine verbindlichen Regeln für einen wissenschaftlichen Stil, sondern nur plausible Anhaltspunkte.

Meine Empfehlung: Lesen Sie, wenn Sie am Beginn des Studiums stehen, alle 22 Kapitel. Suchen Sie, wenn Sie bereits einige Semester studieren, gezielt nach Antworten auf die Fragen, die Sie beschäftigen. Hinweise auf weiterführende Literatur und nützliche Links finden Sie am Ende dieses Bandes.

„Schreiben heißt", wie Max Frisch bemerkte, „sich selber lesen". Machen Sie sich mit gelungenen Texten eine Lesefreude und fit für das Berufsleben.

---

12 In *wissenschaftlichen* Texten werden *neue* Erkenntnisse produziert. Wer studiert, schreibt keine wissenschaftlichen Texte, sondern eignet sich die Voraussetzungen an, solche Texte schreiben zu können: Die fachlich-methodischen Fähigkeiten und die Schreibkompetenz, die Voraussetzung ist, Wissen und Erkenntnisse angemessen darzustellen. Mehr zum Verständnis von Wissenschaft im *Handbuch Wissenschaftliches Arbeiten* (Franck 2017).

Welche wissenschaftlichen Standards sind beim Schreiben zu beachten?

▶ *Ein allgemein anerkanntes Verständnis von Wissenschaft existiert nicht.* Jedoch gibt es anerkannte Standards, die in einer wissenschaftlichen Arbeit einzuhalten sind: Begriffe sind zu klären, die Darstellung eines Sachverhalts ist von seiner Bewertung zu trennen. Wissenschaft zielt auf Erklärungen. Nichts ist selbstverständlich. Alles muss begründet, auf die vorliegenden Ergebnisse bezogen und der eigene Standpunkt reflektiert werden.

Was ist das eigentlich: Wissenschaft? Diese Frage verunsichert viele Studienanfänger*innen. Und sie bleibt für viele während des Studiums eine ständige Begleiterin: Was heißt, eine wissenschaftliche Hausarbeit schreiben? Was ist das Wissenschaftliche einer Bachelor- oder Masterarbeit?

Das verbindliche Verständnis von Wissenschaft gibt es nicht und auch nicht *die* richtige wissenschaftliche Methode. Es ist vielmehr strittig, auf welchem Wege gesichertes Wissen gewonnen werden kann und welche Kriterien darüber entscheiden, ob Erkenntnisse anerkannt werden oder als relevant gelten. Ich mache daher, bevor ich zu praktisch umsetzbaren Hinweisen komme, einen kleinen Umweg. Umwege erhöhen, lautet eine vietnamesische Weisheit, die Ortskenntnis.

Die Vorstellung von *einem* Modell wissenschaftlicher Forschung mag sich noch in manchen Köpfen halten. Faktisch jedoch bestimmt ein Methodenpluralismus den Wissenschaftsalltag. Die Entwicklung der Wissenschaft verläuft nicht als geradliniger und kontinuierlicher Prozess, sondern in Sprüngen, in kleineren oder größeren Revolutionen. Wissenschaftlicher Fortschritt wird oft nur durch unkonventionelles Vorgehen erzielt, abseits traditioneller Methoden und Verfahren. Der Philosoph Wittgenstein soll einmal gesagt haben: Wir wissen mitunter nicht, wonach wir suchen, bis wir es schließlich gefunden haben. (Krull 2023, 35). Forschungsergebnisse, die heute als gesichert gelten, werden morgen aufgrund neuer Erkenntnisse verworfen, Methoden werden durch neue abgelöst. Und Forschungen, die gestern belächelt wurden, werden morgen mit einem Nobelpreis ausgezeichnet.

Deshalb spricht vieles für ein respektloses Verständnis von Wissenschaft. Damit meine ich die Haltung,

- neugierig zu sein, offen für neue Erfahrungen, andere Meinungen und Sichtweisen;
- in neuen Erfahrungen und Erkenntnissen eine Bereicherung und Anregung zum Weiterfragen zu sehen;
- ungewohnte Wege zu gehen und sich Irrtümer und (vorläufiges) Nichtwissen zu erlauben.

In den berühmten Worten von Immanuel Kant: „Habe Mut, dich deines *eigenen* Verstandes zu bedienen!" (1784 – Herv. im Text).

Sich des *eigenen* Verstandes zu bedienen, ist eine Haltung. Ich habe zusammengetragen, was dafür spricht, *Mut* zu haben, sich für diese Haltung zu entscheiden.

Was ist erforderlich, um sich des eigenen Verstandes zu *bedienen?* Die Frage ist ungenau formuliert. Sie „bedienen" sich im Alltag beständig Ihres Verstandes, nicht nur im Studium. Gibt es einen Unterschied beim „Bedienen", und worin besteht er? Das ist – in den Worten der formalen Logik formuliert – die Frage nach dem „artbildenden Unterschied"[13]: Welchen Standards muss *wissenschaftliches* Arbeiten genügen? Es sind vor allem die folgenden Kriterien.

Begriffe klären

Jede Wissenschaft hat ihre Fachbegriffe. Ein und derselbe Begriff kann unterschiedliche Bedeutungen haben. *Morphologie* bedeutet in der Biologie und Medizin etwas anderes als in der Philosophie und in der Sprachwissenschaft. Und in der Psychologie fällt die Antwort auf die Frage, was unter *Texttheorie* zu verstehen sei, anders aus als in der Linguistik.

Begriffe unterscheiden sich nicht nur zwischen den Disziplinen, sondern – vor allem in den Sozial- und Geisteswissenschaften – auch innerhalb einer Disziplin. Beispiel *Lernen:* Vertreter des *Behaviorismus* verstehen unter Lernen etwas an-

---

13 Für Definitionen gilt in der formalen Logik folgende Regel: Begriff (einer Sache) = Gattungsbegriff (genus proximum) + artbildender Unterschied (differentia specifica). Ein Parallelogramm ist ein Viereck (Gattungsbegriff) mit zwei parallelen Gegenseiten (artbildender Unterschied).

deres als Vertreterinnen der *Kognitiven Psychologie*. Von deren Lernverständnis grenzen sich Repräsentanten der *Kritischen Psychologie* ab.

Kurz: In der Politik- oder Erziehungswissenschaft, in der Psychologie oder Germanistik müssen die zentralen Begriffe einer Arbeit geklärt und dürfen nicht als selbstverständlich gesetzt werden. Die Leser*innen sollten nicht rätseln müssen, was versteht der Verfasser unter *Chancengleichheit?* Was schließt bei der Verfasserin der Begriff *Geschlecht* ein?

Sie können vorhandene Begriffe und Definitionen übernehmen. In einer Bachelor- oder Masterarbeit müssen Sie die zentralen Begriffe *herleiten* und *begründen,* warum Sie das eine oder das andere Verständnis für tragfähiger halten und daher dieses oder jenes Begriffsverständnis übernehmen. In Abschlussarbeiten kann es erforderlich sein, einen Begriff zu *modifizieren,* zu *erweitern* oder *einzugrenzen.*

Begriffsklärungen sollten so ausführlich wie nötig und so kurz wie möglich sein. „Begriffshuberei" ist keine Tugend, sondern ein Laster. Überflüssig sind zum Beispiel Klagen über die Begriffsvielfalt. Aus einer Masterarbeit:

> „Versucht man, sich dem Begriff Ästhetik zu nähern, so sieht man sich schnell einer ungeheuren Fülle an Publikationen, Ausdeutungen, Definitionen und philosophischen Theorien gegenüber, welche den Ästhetikbegriff als solchen zum Gegenstand haben. In diesem Zusammenhang wird oft ein ‚Begriffswirrwarr' … kritisiert. Allein bei der Recherche für diese Arbeit stieß ich schnell auf unterschiedlichste Variationen des Ästhetik-Begriffes, der zumeist nicht alleine stehend, mit einem Zusatz verknüpft wird, wobei ich von unterschiedlicher Schreibweise zunächst noch völlig absehe: ästhetische Erfahrung, ästhetische Erziehung, ästhetische Praxis, ästhetisches Verhalten, ästhetische Bildung … Teilweise beschreiben und meinen diese theoretischen Konstrukte im Kern prinzipiell das Gleiche, teilweise widersprechen sie sich jedoch völlig."[14]

Ein Verweis auf unterschiedliche Begriffsbestimmungen hätte genügt – und ein wenig mehr Mühe mit der Sprach-Ästhetik gelohnt[15].

Ein gelungenes Beispiel für die Einführung von Fachbegriffen übernehme ich von Schumacher (2017, 18 f.) – eine Hausarbeit über das serielle Erzählen in Boccaccios „Dekameron":

---

14 Ich weise die zitierten Texte von Studierenden nicht aus. Es geht mir nicht um die Kritik von Lernenden, sondern um Hinweise darauf, was wie besser gemacht werden kann.
15 Überflüssig oder Sprachmurks sind: *schnell, Ausdeutungen* (gemeint sind wohl *Interpretationen*), *allein, unterschiedlichste* (*unterschiedliche* genügt), *Variationen* (gemeint sind *Varianten*), *widersprechen sich völlig* (Auffassungen widersprechen *einander* und *völlig* ist überflüssig). Mehr zum Stil wissenschaftlicher Texte im nächsten Kapitel.

„Der für meine Untersuchung zentrale Begriff des seriellen Erzählens ist erklärungsbedürftig, denn er wird auch, wenn nicht sogar bevorzugt, auf Formen populärer Unterhaltungskultur bezogen, z. B. die Vorabendserien im Fernsehen. Was aber bedeutet dieser Terminus im Kontext der mittelalterlichen und frühneuzeitlichen Literatur, die gänzlich anderen Produktions- und Rezeptionsbedingungen unterliegt?"
(Begründung, warum eine Begriffsbestimmung notwendig ist.)

„Nach Udo Friedrich lässt sich serielles Erzählen oder, um einen deutschen Ausdruck zu benutzen, Wiedererzählen für diese Epoche wie folgt charakterisieren: ‚Wiedererzählen bildet den Maßstab für eine Erzählhaltung, die einen vorgegebenen Stoff als Herausforderung für rhetorische *variatio* und Überbietung auffasst. Identität der *materia* und Differenz der Formgebung kommen hier im gleichen Akt des Erzählens zum Ausdruck.'[1] Es ist also nicht Aufgabe des Autors, neue Plots zu erfinden, sondern überlieferte Erzählungen aufzugreifen. Dabei wird ‚Wiederholung […] zum zentralen Instrument einer Kombinations- und Variationskunst, die von stereotypen Situationen über topische Muster bis hin zu analogen Erzähldispositionen reicht.'[2]"
(Begriffsbestimmung.)

„Im Folgenden möchte ich zunächst am Beispiel des Motivs der List zeigen, welche Verfahren der Wiederholung, Kombination und Variation im ‚Decameron' angewendet werden."
(Bezug zur eigenen Arbeit.)

Haben Sie sich für eine bestimmte Begriffsfassung entschieden, verwenden Sie den Begriff durchgängig in dieser Bedeutung. Vermeiden Sie Synonyme für tragende Begriffe, um Missverständnissen vorzubeugen.

Das Wissenschaftstrio: Darstellung und Bewertung trennen – begründen – erklären

Wissenschaftliches Arbeiten ist mit einer guten medizinischen Behandlung vergleichbar: Eine erfolgreiche Versorgung beginnt mit einer präzisen Beschreibung der Symptome. Dann folgt die Analyse. Oder für Krimifans: Zunächst erfolgt eine exakte Rekonstruktion des Tathergangs, dann werden Schlussfolgerungen gezogen: Wer wars?

Allgemeiner formuliert: Die Trennung von Darstellung und Bewertung ist für wissenschaftliches Arbeiten grundlegend. In Kapitel 11 gehe ich ausführlicher darauf ein.

Wenn Sie sich wissenschaftlich mit einem Gegenstand auseinandersetzen – sei es Künstliche Intelligenz, das Werk von Peter Weiss oder Nachhaltige Mobilität –, ist nichts selbstverständlich. Alles muss begründet werden (können): Fragestellungen, Quellenauswahl, Methoden und Verfahren.

Glaube mag Berge versetzen können – kann aber nicht begründet werden. Es kann sinnvoll sein, etwas zu tun, weil es immer schon getan wurde – eine Begründung ist das nicht.

Die Entstehung und Bedeutung von Normen, Konventionen, Traditionen und Werten kann erklärt werden. Normen, Konventionen, Traditionen und Werte können sinnvoll sein. Sie lassen sich erläutern – aber nicht wissenschaftlich begründen.

Für das wissenschaftliche Arbeiten sind Daten und Fakten notwendig, aber nicht hinreichend. Informationen müssen aufbereitet werden: systematisiert, interpretiert, bewertet, verallgemeinert. Sonst sieht man den Wald vor lauter Bäumen nicht. Wissenschaft zielt auf Erklärungen:

- Warum ist das so?
- Unter welchen Voraussetzungen kam (kann) es dazu (kommen)?
- Wie könnte es anders sein?
- Wo gilt (galt) das?
- Wann gilt (galt) das?
- Wie entstand diese oder jene Auffassung?
- Wie und warum konnte sie sich verbreiten?
- Wer teilte sie (nicht)?

Erkenntnisse, Konzepte, Theorien usw. haben eine Geschichte und sind das Ergebnis bestimmter Perspektiven.

Geschichte: Wenn man ein Thema bearbeitet – zum Beispiel Gesundheitserziehung – sollte man unter anderem klären:

- Wann wurde Gesundheitserziehung zum Gegenstand der Wissenschaft?
- Warum wurde Gesundheitserziehung ein Thema?
- Wie haben sich die Auffassungen verändert?
- Was waren die Gründe für die Meinungsänderungen?

Aus Kenntnissen können *Erkenntnisse* werden, wenn Zusammenhänge, Voraussetzungen, Entwicklungen und Folgen begriffen werden. Wer nur weiß und kann, aber nichts begreift, ist – so die Umgangssprache – ein „Fachidiot". Vornehmer formuliert: Die „größte Menge von Kenntnissen" ist wenig wert, „wenn nicht eigenes Denken sie durchgearbeitet hat" (Schopenhauer 1851, 521).

Zusammenhänge herstellen

Gleich, ob im stillen Kämmerlein oder im Elfenbeinturm geforscht wird: Es findet Zusammenarbeit statt. Wissenschaft bedarf in vielen Bereichen nicht der unmittelbaren Kooperation, aber immer des Bezugs auf bereits vorliegende Arbeiten.

In den ersten Semestern beziehen Sie sich, wenn Sie ein Thema bearbeiten, auf eine überschaubare Zahl von Autor*innen, die zu diesem Thema publiziert haben. Niemand erwartet einen vollständigen Überblick über den Forschungsstand. Sie können und sollen sich auf die Schultern anderer stellen und auf vorliegende Überlegungen zurückgreifen.

In einer Masterarbeit und vor allem in einer Dissertation ist die vorliegende Forschung umfassend zu berücksichtigen: Wer nicht weiß, was andere bereits gedacht haben, kann nicht entscheiden, ob er oder sie einen neuen Gedanken verfolgt, zu einer neuen Sichtweise, zu einer neuen Erkenntnis gelangt ist. Die Literatur umfassend berücksichtigen heißt nicht: sie lang und breit darstellen, sondern sie zu kennen, um begründet neue Fragen stellen zu können oder nach abweichenden Antworten zu suchen.

Wissenschaft entwickelt sich in *Kontroversen*. Es ist ein Gebot der wissenschaftlichen Redlichkeit, unterschiedliche Auffassungen darzustellen und nicht nur nach Belegen zu suchen oder die Autorinnen und Autoren zu referieren, die die eigene Auffassung stützen.

Wissenschaft lässt sich nicht in Ressortgrenzen halten. Häufig beschäftigen sich mehrere Disziplinen aus unterschiedlichen Blickwinkeln mit einem Thema. Fruchtbare Ergebnisse werden erzielt, wenn *interdisziplinär* gedacht und gearbeitet wird. „Wer nur etwas von Musik versteht", soll Hans Eisler in einem Gespräch mit Hans Bunge angemerkt haben, „versteht auch davon nichts" (zit. n. Knolle 2020, 3).

Wissenschaft ist nicht deutsch. Man kommt zwar in vielen Fächern mit Literatur durchs Studium, die auf Deutsch vorliegt. Einen Gefallen tut man sich damit nicht.

Die *Realität* ist der Härtetest für den Erkenntniswert von Wissenschaft. Allerdings: Realität ist nicht identisch mit unmittelbar *praktischem Nutzen:* Erziehungswissenschaft kann nicht satt machen (allenfalls die Erziehungswissenschaftler*innen). Sie kann jedoch Aufschluss geben – zum Beispiel über den Zusammenhang von Erziehungsstilen und kindlicher Entwicklung. Ihr Erkenntniswert misst sich daran, ob sie diesen Zusammenhang (handlungsanleitend) *erklären* kann.

Ein Medikament gegen Parkinson ist unmittelbar nützlich. Es kann nicht entwickelt werden, wenn nicht zuvor die Ursachen dieser Krankheit entdeckt werden. Diese Ursachenforschung macht Kranke nicht gesund. Sie ist jedoch unerlässlich.

Sie können auch ohne die Berücksichtigung dieser Standards zu brillanten Ideen und Problemlösungen kommen. Doch dieses Glück ist nur wenigen Menschen vorbehalten – und Genies müssen sich nicht mit Haus- oder Masterarbeiten belasten. Für alle, die wissenschaftlich arbeiten wollen, sind die erläuterten Kriterien ein unverzichtbarer Kompass.

Perspektive reflektieren

Wissenschaft ist der Objektivität verpflichtet. Wissenschaftliches Arbeiten muss vorurteilsfrei sein. Doch wie mit der Tatsache umzugehen ist, dass es Menschen sind, die wissenschaftlich arbeiten?

Wenn die Wirtschaftsforschungsinstitute in ihren Gutachten zur wirtschaftlichen Entwicklung zu verschiedenen Ergebnissen kommen, dann liegt das an ihren unterschiedlichen Standpunkten, aus denen sich unterschiedliche Perspektiven ergeben. Auf dem Berg sieht eine Landschaft anders aus als im Tal. Und vom Standpunkt der *Vollbeschäftigung* stellt sich die wirtschaftliche Entwicklung anders dar als vom Standpunkt der *Wettbewerbsfähigkeit*.

Unterschiedliche Standpunkte führen dazu, dass unterschiedliche Zahlen und Faktoren in die Forschung einbezogen bzw. unterschiedlich gewichtet werden. Es mag gute Gründe geben, entweder das Ziel der *Vollbeschäftigung* oder das der internationalen *Wettbewerbsfähigkeit* zur forschungsleitenden Prämisse zu machen. Die Entscheidung für eine dieser Prämissen ist jedoch nicht zwingend, sondern eine begründungspflichtige subjektive Entscheidung: Warum wird dieses oder jenes Ziel zum Gegenstand der Forschung gemacht? Welche Voraussetzungen gehen in die Formulierung wissenschaftlicher Frage- und Zielstellungen ein?

Ein weiteres Beispiel: Wer die Voraussetzungen für die Steigerung von Unternehmensgewinnen untersucht, kann zu dem Ergebnis kommen, dass die Senkung der Lohnkosten und eine Reduzierung von Umweltauflagen entscheidende Faktoren sind. Und man kann mehr Wachstum als ein fragwürdiges Ziel ansehen, Entlassungen oder Rationalisierung und die Senkung von Umweltstandards als nicht akzeptable Maßnahmen bewerten. Wie auch immer: Diese (Vor-)Entscheidungen sind zu reflektieren. Und auszuweisen, vor welchem Hintergrund sie warum getroffen werden.

Selbst in den Naturwissenschaften, die häufig als Hort der Objektivität apostrophiert werden, kann nicht von der Person abgesehen werden, die Naturwissenschaft betreibt. So hat Karin Knorr-Cetina (2016) anschaulich am Beispiel der Arbeit in einem biochemischen Labor gezeigt, dass die Forscher*innen sich von Maßstäben der Alltagsrationalität leiten lassen.

Das Problem ist nun nicht, dass die eigene Person, Einstellungen, Motive, Meinungen usw. stets in die wissenschaftliche Auseinandersetzung mit einem Gegenstand einbezogen sind.

Zum Problem wird diese Tatsache, weil sie in der Forschung und Lehre nicht systematisch behandelt wird, weil in vielen Disziplinen Subjektivität kein Gegenstand der Reflexion ist. So kommt im Jurastudium die Person, die Recht sprechen oder verteidigen muss, so gut wie überhaupt nicht vor. Studierende erfahren in der Regel sehr wenig darüber, welche Faktoren in Entscheidungsprozessen eine Rolle spielen. Obwohl Juristinnen und Juristen zuerst mit Kategorien der Alltagsmoral nach einer *gerechten* Entscheidung suchen und dann nach den dafür *passenden* juristischen Argumenten, bleibt die Vermittlung von Voraussetzungen zur wissenschaftlichen Überprüfung des eigenen (juristischen) Handelns die Ausnahme.

Welche Konsequenz ist aus der Tatsache zu ziehen, dass niemand *unpersönlich* an eine Frage herangeht, dass wissenschaftliches Arbeiten sich in einem sozialen Zusammenhang vollzieht? Wissenschaftliches Arbeiten muss *selbstreflexiv* sein: Wissenschaftliches Arbeiten schließt das (selbst-)kritische Nachdenken darüber ein, wie man warum zu einer Fragestellung oder Prämisse kommt.

Zusammenfassung

Wissenschaftliches Arbeiten muss den folgenden Standards genügen: Die tragenden Begriffe sind zu klären, die Darstellung und Bewertung von Sachverhalten sind zu trennen. Nichts ist selbstverständlich, alles muss begründet werden (können). Wissenschaft zielt auf Erklärungen. Die eigene Arbeit muss auf die vorliegenden Ergebnisse bezogen und der eigene Standpunkt reflektiert werden.

Was ist das: wissenschaftlicher Stil? 2

▸ *In Hausarbeiten sollten die Aussagen, auf die es ankommt, nicht von überflüssigem Text umstellt werden.* Auf der sicheren Seite ist, wer Umgangssprache und Stilbruch, Fachjargon und aufgeblähte Formulierungen vermeidet, wer Formulierungen streicht, die nichts zur Sache beitragen. Gedankenreichtum drückt sich auf die „unumwundenste, einfachste Weise aus". Der Mangel an Klarheit hingegen „in schwierigen und pomphaften Phrasen" (Schopenhauer, zit. in Maar 2020, 27).

Im ersten Kapitel habe ich darauf hingewiesen, dass es kein einheitliches Verständnis von Wissenschaft und darüber gibt, was die angemessenen wissenschaftlichen Methoden sind. Nicht anders fällt die Antwort auf die Frage aus, was einen wissenschaftlichen Stil kennzeichnet: Es gibt weder allgemeingültige Normen wissenschaftlichen Schreibens noch *die* Wissenschaftssprache. Vielmehr existieren Konventionen, die mehr oder minder Konsens sind.

Ich halte mich im Folgenden an den Begründer des Kritischen Rationalismus, der sehr bestimmt meinte: „Wer's nicht einfach und klar sagen kann, der soll schweigen und weiterarbeiten, bis er's kann." (Popper 1991, 100) Popper könnte Texte wie diesen vor Augen gehabt haben:

> „Zu den Stiefkindern der Schreibprozessforschung, die methodisch weitgehend in der kognitionspsychologischen Introspektion befangen ist, die sie mit dem ‚Problemlösungsmodell' aus der Schulaufsatzforschung importiert hat, und die Ereignishaftigkeit des Schreibakts selbst in seiner Materialität, Positivität und Kontingenz gerne vernach-

© Der/die Autor(en), exklusiv lizenziert an
Springer Fachmedien Wiesbaden GmbH, ein Teil von Springer Nature 2024
N. Franck, *Schreiben im Studium*,
https://doi.org/10.1007/978-3-658-45377-0_3

lässigt, zählen die Schreibwerkzeuge und ihr Eigensinn, mit dem sie sich gelegentlich dem poetischen Produktionsprozess widersetzen." (Stingelin 2015, S. 283 f.)[16]

Seit vielen Jahren wirbt der *Stifterverband für die Deutsche Wissenschaft* für eine verständliche Kommunikation von Wissenschaft – weitgehend vergeblich. Häufig werden die „einfachsten Gedanken zu einer wunderkindhaften und gequollenen Form" aufgeplustert (Tucholsky Bd. 8, 399). Viele Texte erinnern an „Folterinstrumente": Sie werden nicht geschrieben werden, um die Leser*innen zu bereichern, sondern um die Intelligenz der Autor*innen unter Beweis zu stellen (Mounk 2016, S. 67).

Wer sich an dem Stil derer orientiert, die nicht „einfach und klar" schreiben, macht sich das Leben schwer und bringt meist keine gut strukturierten und verständlichen Texte zu Papier.

Wissenschaftlich macht einen Text die Zuverlässigkeit, Genauigkeit und analytische Schärfe der Argumentation. Wissenschaftliche Texte dürfen und sollten verständlich und klar strukturiert sein. Wer klar denkt, sollte auch klar schreiben (können) und das Verständnis komplizierter Sachverhalte nicht durch komplizierte Satzstrukturen und Wortmonster erschweren. „Man kann gewiss nicht alles simpel sagen", betonte Tucholsky, „aber man kann es einfach sagen. Und tut man es nicht, so ist das ein Zeichen, daß die Denkarbeit noch nicht beendet war." (Bd. 4, 400)

Ich verdichte diese Hinweise (in Anlehnung an Jean Cocteau): Wissenschaftlicher Stil ist die Fähigkeit, komplizierte Sachverhalte einfach zu sagen – nicht umgekehrt.

Ein solcher Stil ist dadurch gekennzeichnet, dass

- die Leserinnen und Leser nicht mit überflüssigen Wörtern, Informationen und (Binsen-)Weisheiten behelligt werden;
- auf Blähkonstruktionen verzichtet wird;
- er frei von Fachjargon und Spracharmut ist;
- Stilbruch vermieden und den Leser*innen Modewörter und Umgangssprache erspart wird.

Entscheidend ist es zudem, unverschachtelte Sätze zu formulieren. Dieser Aspekt verständlichen Schreibens steht in Kapitel 21 im Mittelpunkt.[17]

---

16 Dieser Satz wird im Original um zwei Fußnoten mit achtzehn Zeilen ergänzt.
17 Auf Stil-Feinheiten, den Umgang mit Abkürzungen und Pronomen, Anglizismen und Fremdwörtern, Zahlen und rhetorischen Stilfiguren gehe ich in dem Übungsbuch *Wissenschaftsdeutsch* ein (Franck 2022).

„Was gestrichen ist, kann nicht durchfallen" (Tucholsky)

Für einen guten wissenschaftlichen Text müssen Sie nicht viele Worte machen, sondern *treffende* Worte finden. Wissenschaftliche Texte sind präzise, nicht weitschweifig. Gelungene wissenschaftliche Texte sind frei von Wortballast, von Formulierungen, die nicht zur Klärung einer Frage, zum Verständnis eines Problems beitragen. Eine gute Orientierung ist folgender Hinweis des Schriftstellers Jean Paul: „Sprachkürze gibt Denkweite".

In folgendem Satz kann viel weggelassen werden: „Der Fakt, dass die Korrektur von studentischen Texten aufwendig ist, kann nicht wegdiskutiert werden." (Cronqvist 2018, 45)

Man kommt ohne Informationsverlust mit der Hälfte der Wörter aus (und ohne das umgangssprachliche *wegdiskutiert*): Die Korrektur studentischer Texte ist aufwendig. Oder: Es ist aufwendig, Texte von Studierenden zu korrigieren.

Auch in diesem Satz kann gestrichen werden: „In diesem Beitrag sollen die Möglichkeiten und Grenzen der Förderung von Reflexionsfähigkeit im Kontext der reinen Online-Lehre diskutiert werden."

Trinken Sie keinen reinen Alkohol! Und geben Sie nie *rein* statistisch, pädagogisch oder rechnerisch, *rein* theoretisch oder empirisch zu bedenken. Lassen Sie *rein* sein. Rein ist ein Füllwort.

Ohne dieses Füllwort und ohne die Ankündigung *sollen* sowie das überflüssige *Kontext* macht der Satz keine unnötige Lesearbeit: In diesem Beitrag werden die Möglichkeiten und Grenzen der Förderung von Reflexionsfähigkeit in der Online-Lehre diskutiert.

Zur Kategorie der Füllwörter, die in einer Reportage, einem Essay oder einer Rede angebracht sein können, zählen: allenthalben, ausgerechnet, bekanntlich, durchaus, eigentlich, gemeinhin, gewissermaßen, hinlänglich, immerhin, in der Tat, jedenfalls, keineswegs, letztlich, meistenteils, nämlich, natürlich, schlichtweg, überaus, ungemein, völlig, zuweilen.

Bei dem folgenden Text lässt sich fast ein Viertel des Umfangs mit Gewinn einsparen:

„Die These, die in dieser Arbeit vertreten wird, kann folgendermaßen formuliert werden: Die kulturkritische Reformpädagogik des ausgehenden 19. Jahrhunderts ist keineswegs als eine ‚Sternstunde' in der Wissenschaftsgeschichte der Pädagogik zu bewerten. Dem kulturkritisch-reformpädagogischen Neubeginn in Deutschland sind vielmehr deutliche präfaschistische Theoreme zu attestieren. Gegen das weit verbreitete Urteil bürgerlicher Pädagogik, welche in den herausragenden Repräsentanten jener geistigen Bewegung die Wegbereiter einer neuen pädagogischen Epoche feiert, muss gesagt werden: eine solche Rezeption dokumentiert die Ohnmacht traditionell-bürgerlicher Pädagogik".

Der Text ohne „kann folgendermaßen formuliert werden" und „muss gesagt werden" sowie ohne polemisches „feiert":

> In dieser Arbeit wird folgende These vertreten: Die kulturkritische Reformpädagogik des ausgehenden 19. Jahrhunderts war keine „Sternstunde" in der Geschichte der Pädagogik. Vielmehr ist der kulturkritisch-reformpädagogische Neubeginn in Deutschland geprägt durch präfaschistische Theoreme. Das in der bürgerlichen Pädagogik weitverbreitete Urteil, die herausragenden Repräsentanten jener geistigen Bewegung seien Wegbereiter einer neuen pädagogischen Epoche gewesen, dokumentiert die Ohnmacht traditionell-bürgerlicher Pädagogik.

Halten Sie es mit Adorno: „Nie darf man kleinlich sein beim Streichen." Die „Furcht, es stehe nicht genug da, (ist) kindisch." (1945, 95).

Streichen Sie zudem, wenn die Rohfassung Ihrer Hausarbeit geschrieben ist (siehe Kapitel 3), Binsenweisheiten und alles, was nicht zum Verständnis Ihres Gegenstandes beiträgt.

Aus einer Hausarbeit: „... Ein Vergleich kann dies verdeutlichen." – Eine Binsenwahrheit. Wir wissen, dass Vergleiche verdeutlichen können.

Das Traurigste, wozu man einen Satz verschwenden kann, ist die Binsenweisheit. Es ist zum Beispiel allgemein bekannt, dass Rauchen der Gesundheit schadet und Flugverkehr dem Klima. Und alle wissen: Krankheit gehört zum Leben und Müll sollte vermieden werden. Das müssen Sie nicht mehr zu Papier bringen (interessant ist, wie Krankheiten bekämpft werden können und wie es gelingt, Müll zu vermeiden).

Deshalb sollte man schlicht schreiben: Folgender Vergleich verdeutlicht das.

In Ihren Texten sollte zu lesen sein, was für die Erklärung eines Gegenstands wichtig und für das Verständnis eines Sachverhalts notwendig ist. Das reicht. Mehr ist nicht erforderlich und in den meisten Fällen auch nicht sinnvoll. – Aus einer Hausarbeit in Musikwissenschaft:

> „1929 komponierte Maurice Ravel für Paul Wittgenstein, den Bruder des berühmten Philosophen Ludwig Wittgenstein, der im Krieg seinen rechten Arm verloren hatte, ein Klavierkonzert in D-Dur, das Concerto für die linke Hand."

Wer hat im Krieg den rechten Arm verloren? Formulieren Sie den Satz so um, dass der Bezug eindeutig ist. Streichen Sie zudem, was gestrichen werden kann. Meinen Vorschlag finden Sie in der Fußnote.[18]

---

18 *Paul* Wittgenstein verlor im Krieg seinen rechten Arm. Der Satz ohne unnötigen Einschub:

Informationen statt Blähkonstruktionen

Streichen! Lautet auch bei Blähkonstruktionen die Aufgabe. Wer einen runden Tisch beschreiben soll, kann schreiben: „Der Tisch ist rund." Man kann – spottet Tucholsky über Menschen, die imponieren wollen – diesen Sachverhalt auch so formulieren: „Rein möbeltechnisch hat der Tisch ... eine kreisrunde Gestalt." (Bd. 7, 275)

Der erste Satz ist präzise. Das ist entscheidend. Die zweite Version sagt nicht mehr aus, sie ist nur umständlicher formuliert. Wer eine solche Formulierung zu Papier bringt, mag sich einreden, etwas Bedeutendes geschrieben zu haben. Wer sich etwas vormacht, macht sich keine Freude und schreibt keine guten Hausarbeiten.

Wenn Studierende motiviert sind, schreiben Sie bessere Texte. Diese erfreuliche Tatsache können Lehrende schrecklich formulieren:

> „Der Erfolg studentisches Schreiben [sic] hängt dabei stets auch von der Eigenmotivation der Studierenden ab, so muss einerseits die Bedeutung des Schreibens für alle Zwecke des wissenschaftlichen Arbeitens wie auch für die berufliche Zukunft betont werden." (Cronqvist 2018, 45 f.)

Der Satz ist unnötig lang, umständlich und grammatikalisch fehlerhaft. Auf vier Zeilen ist viel möglich: Wovon hängt der Erfolg *studentischen Schreibens* auch ab (*stets* ist überflüssig)? Von der Motivation der Studierenden. Wenn etwas „*einerseits*" muss, dann muss *andererseits* folgen. Allerdings: mit *einerseits – andererseits* drückt man einen Zwiespalt oder Gegensatz aus: Einerseits möchte ich meine Bachelorarbeit abschließen, andererseits surfe ich lieber, als zu schreiben. Gemeint ist: *sowohl als auch*. Klar und korrekt formuliert:

> Studierende schreiben bessere Texte, wenn sie motiviert sind. Um sie zu motivieren, sollte in der Lehre betont werden, dass die Fähigkeit, gute Texte zu schreiben, sowohl für ihr wissenschaftliches Arbeiten als auch für ihre berufliche Zukunft wichtig ist.

Bläht man Thema zu Themen*bereich* auf, dann wird ein Satz nicht besser, sondern länger. Und man trifft auch keine bedeutendere Aussage. Verzichten Sie deshalb Imponier-Vokabeln. Blähen Sie Wörter nicht auf. Problematiken und Problemstellungen, Problembereiche, Problemlagen usw. müssen nicht sein. Kostet ein Projekt viel, dann mag das ein Problem sein – aber kein Anlass, aus dem Pro-

---

1929 komponierte Maurice Ravel für Paul Wittgenstein, der im Krieg seinen rechten Arm verloren hatte, ein Klavierkonzert in D-Dur, das Concerto für die linke Hand.

blem eine Finanzproblem*atik* zu machen. Fällt die Technik aus, sollte man sich zu helfen wissen, aber nicht die Technik zur *Technologie* aufblähen.

Blähwörter machen einen Text nicht anspruchsvoll. Sie sind kein Signal für Bildung. Blähwörter sind Lese-Blocker, die Texte steif und umständlich machen. Verzichten Sie deshalb auch auf die Aufgaben*stellung und* die Ziel*projektion*. Das Wetter interessiert, das Wetter*geschehen* nicht. Hilfe ist gut. Hilfe*stellung* überflüssig. Gestern ist Vergangenheit. Am *gestrigen Tag* Sprachmüll.

Verzichten Sie auch auf Aufblähungen mit *Bereich, Rahmen, Sektor, Seite, Gebiet, Raum und Vorfeld*. *Auf dem Gebiet* der Makroökonomie ist kein Gewinn gegenüber *in der* Makroökonomie – nur mehr Schreib- und Lesearbeit.

„Der Themenkomplex der Nachhaltigkeit ist spätestens seit ‚Fridays for Future' Dreh- und Angelpunkt der gesellschaftspolitischen Auseinandersetzung. Auch im Programm der Akademie werden wir 2022 einen thematischen Schwerpunkt auf Nachhaltigkeitsthemen legen."

Geht ein Kind nicht gern in den Kindergarten, ändert sich daran nichts, wenn man es in den *vorschulischen Bereich* schickt. Und Themen kommen ohne *Komplex* und Nachhaltigkeit ohne *Themen* aus. Murks ist der *thematische* Schwerpunkt auf *Themen*. Und es kann gleich mit *Nachhaltigkeit* losgehen: Nachhaltigkeit ist spätestens seit *Fridays for Future* Dreh- und Angelpunkt der gesellschaftspolitischen Auseinandersetzung. Auch im Programm der Akademie werden wir 2022 einen Schwerpunkt auf Nachhaltigkeit legen.

Ich ersetze noch *Dreh- und Angelpunkt* und streiche *im Programm* und *werden*:

Nachhaltigkeit steht spätestens seit *Fridays for Future* im Zentrum gesellschaftspolitischer Auseinandersetzungen. Nachhaltigkeit wird 2022 auch in der Akademie ein Schwerpunkt sein.

21 statt 30 Wörter: Weniger Schreib- und Lesearbeit – ohne Informationsverlust.

Weniger ist oft mehr – anschaulich in Musils *Der Mann ohne Eigenschaften* verdeutlicht:

„Über dem Atlantik befand sich ein barometrisches Minimum; es wanderte ostwärts, einem über Rußland lagernden Maximum zu, und verriet noch nicht die Neigung, diesem nördlich auszuweichen. Die Isothermen und Isotheren taten ihre Schuldigkeit. Die Lufttemperatur stand in einem ordnungsgemäßen Verhältnis zur mittleren Jahrestemperatur, zur Temperatur des kältesten wie des wärmsten Monats und zur aperiodischen monatlichen Temperaturschwankung. Der Auf- und Untergang der Sonne, des Mondes, der Lichtwechsel des Mondes, der Venus, des Saturnringes und viele andere bedeutsame Erscheinungen entsprachen ihrer Voraussage in den astronomischen Jahrbüchern. Der Wasserdampf in der Luft war gering. Mit einem Wort, das das Tatsächliche recht gut bezeichnet, wenn es auch etwas altmodisch ist: *Es war ein schöner Augusttag*" (1970, 9 – Herv. NF).

Fachbegriffe statt Fachjargon, Abwechslung statt Spracharmut

Wer etwas begriffen hat, kann es auf den Begriff bringen. Begriffe verdichten Erkenntnisse (oder sollen es zumindest). Fachbegriffe sind wichtige Mittel der Präzision und daher in der Wissenschaft unersetzlich. Fach*jargon* nicht. Er funktioniert als Ein- und Ausschlussmechanismus. Fachjargon erschwert denen das Textverständnis, die nicht zur „Fachfamilie" gehören – und signalisiert: Du gehörst nicht dazu. Ein Beispiel:

> „Da das Begreifen von Zusammenhängen optimal nur durch tätiges Erproben gewonnen wird, unser Alltag jedoch immer weniger Anlässe gibt, praktische Erfahrungen zu machen, müssen wir in der pädagogischen Arbeit bewusst entwickelte Gelegenheiten zur Förderung, Entfaltung und Differenzierung sinnlicher Aktivitäten bieten."

Wissenschaft zeichnet sich unter anderem dadurch aus, dass Prozesse oder Sachverhalte auf den Begriff gebracht werden. Dazu ist es auch notwendig, alltägliche Phänomene anders als in der Alltagssprache zu formulieren. Präzision der Begriffe ist jedoch nicht identisch mit dem verquasten Fachjargon in dem zitierten Satz:

- Können Gelegenheiten *unbewusst entwickelt* werden?
- Gibt es *unsinnliche* Aktivitäten?
- Kann man *untätig* erproben? Ist *ausprobieren* etwas anderes?
- *Begreifen* von Zusammenhängen *wird gewonnen* – wie geht das?

Die Alternative (in zwei Sätzen und mit weniger Worten): Wir müssen Kindern ermöglichen, mit allen Sinnen zu lernen, denn Zusammenhänge können sie nur durch den praktischen Umgang mit ihrer Umwelt begreifen. In unserem Alltag gibt es jedoch immer weniger Möglichkeiten, praktische Erfahrungen zu machen.
Der Gebrauch von Fachjargon ähnelt dem Kauf von *Gucci*-Handtaschen oder *Rolex*-Uhren: Diese Prestigemarken kaufen unsichere Menschen, die nicht riskieren wollen, eine falsche Wahl zu treffen. Die Entscheidung für Nobelmarken ist „nicht individuell, sondern spielt sich unter dem imaginären Blick eines Publikums ab." Ähnlich der Fachjargon-Gebrauch: Er soll mit seinem „speziellen Sound" Unsicherheit „zum Verschwinden bringen" (Groebner 2012, 119 f.; s. a. Geisel 2018).

Nicht selten geht Fachjargon mit Spracharmut einher. Im Deutschen stehen zwar zwischen 300 000 und 500 000 Wörter zur Verfügung (der Rechtschreibduden enthält 148 000), aber viele bleiben ungenutzt. Zwei Beispiele aus Veröffentlichungen von Wissenschaftler*innen:

„Grundlegendes hinsichtlich der angestrebten Sensibilität bzw. Sensibilisierung von (angehenden) Lehrkräften *wird* dargelegt und das geplante Vorgehen zur Erreichung derselben begründet (s. Kapitel 3).

Die Forschungsfragen *werden* auf dem Vorangehenden aufbauend formuliert und eine Eintaktung der Arbeit in den Kontext beruflicher Bildung erfolgt (s. Kapitel 4).

Nach *Darlegung* des forschungsmethodischen Ansatzes *wird* die empirische Untersuchung erläutert und dokumentiert (s. Kapitel 5).

Die Ergebnisse *werden* vorgestellt (s. Kapitel 6) und interpretiert (s. Kapitel 7).

Im Anschluss *wird* ein zusammenfassendes Zwischenfazit (s. Kapitel 8) gezogen und die Untersuchung *wird* methodenkritisch reflektiert (s. Kapitel 9).

Die Arbeit schließt mit einem Fazit und Ausblick ab (s. Kapitel 10), bevor Literatur-, Abbildungs-, Tabellen- und Abkürzungsverzeichnis sowie der Anhang folgen." (Gruber 2017, 4 f.)

Die Dissertation schließt, bevor die Verzeichnisse *kommen*. Da hat das Kapitel 10 Glück gehabt! Ernsthaft: „Anna Durst!", ist auf einer bestimmten Altersstufe angemessen. In der Grundschule nicht mehr. In einer Dissertation sollten mehr Verben verwandt und auf das umgangssprachliche *Eintaktung* verzichtet werden: Gemeint ist wohl *eingeordnet* oder *verortet*.

Darlegen ist letztes Jahrhundert und *Grundlegendes* schwammig.

Das Passiv verhindert Abwechslung. Mit weniger Wiederholungen kommt aus, wer den oder die Verfasser*in der Arbeit nennt (mehr dazu im Kapitel 13).

Allerdings sind selbst dann der Wortwahl enge Grenzen gesetzt, wenn man sich in der Einleitung darauf beschränkt, den Aufbau der Arbeit *nachzuerzählen*. In einer gelungenen Einleitung wird der Aufbau *erläutert* (vgl. Kapitel 14). – Verbesserungsvorschläge für einige Sätze:

Im dritten Kapitel stehen die Voraussetzungen für und die Wege zu einer Sensibilisierung (angehender) Lehrkräfte im Mittelpunkt.

Im Anschluss an die Darstellung und die Interpretation der Ergebnisse ziehe ich ein Zwischenfazit und reflektiere die Untersuchungsmethoden.

Auf das abschließende Fazit folgt ein Ausblick auf ... Der Hinweis auf Verzeichnisse ist überflüssig.

„Im folgenden Kapitel soll der oben beschriebene Problemaufriss des studentischen Schreibens erweitert werden, wobei auch spezifische Probleme des wissenschaftlichen

Schreibens in der politikwissenschaftlichen Lehre *dargestellt* werden. Kern der Ausführungen *stellen* dann die im Folgenden *dargestellten* Lehrszenarien *dar,* welche konkrete Beispiele des Schreibens als Teil der politikwissenschaftlichen Lehre *darstellen.* Die dargelegten didaktischen Methoden sind dabei wie bereits *dargestellt* keine propädeutischen Übungen."

Es gibt viele Alternativen zu *darstellen* – von A bis Z. Sie können zum Beispiel analysieren, behandeln, diskutieren, erörtern, untersuchen, skizzieren oder zeigen. Und Sie können sich auseinandersetzen, auf ein Problem eingehen oder eine Frage beantworten. – Nutzen Sie den Verbreichtum der deutschen Sprache. Zum Beispiel so:

> Im folgenden Kapitel erweitere ich den Problemaufriss und gehe auch auf spezifische Probleme des wissenschaftlichen Schreibens in der Politikwissenschaft ein. Danach stehen Lehrszenarien im Mittelpunkt, Beispiele für Schreibübungen als Teil der Lehre in der Politikwissenschaft. Die vorgestellten Methoden sind, wie bereits erläutert, keine propädeutischen Übungen.

Theo Stemmler reimt: „Fachterminologie ist unvermeidlich – modisch dunkler Fachjargon unverzeihlich" (o. J.).

Über eine Gemeinsamkeit von Sozialwissenschaften und Krimis

Aus dem Schluss einer Hausarbeit: „Das politische System der USA ist nicht so demokratisch, wie es oft von sich behauptet."
Wer behauptet, das politische System der USA sei demokratisch? „Es": das System? Oder Politiker und Politikwissenschaftlerinnen, Journalisten oder Bürgerinnen?
Die Vernunft setzt sich nicht durch. Nur die Vernünftigen können sie durchsetzen. In allen Wissenschaftsdisziplinen, in denen es um menschliches Handeln geht, sollten die Handelnden genannt werden.
Preise *steigen* oder *explodieren* nicht von alleine. Irgendwer erhöht sie. Journalist*innen mögen schreiben, die *USA droht* oder *Großbritannien fordert*. In den Sozialwissenschaften sind Ross und Reiter zu nennen: Wer droht oder fordert? In dieser Frage sind Stil und Inhalt verknüpft. (Siehe auch Sahner und Stähr 2024.)

Stilbruch und Umgangssprache vermeiden

Lehrende bewerten Haus- und Bachelorarbeiten häufig als „zu umgangssprachlich". Zum Beispiel dann, wenn eine These *angedacht* wird oder die vorliegende Literatur nicht genügend *hergibt*, wenn etwas *wirklich krass* und vieles *mäßig* ist: *beziehungsmäßig* oder *lifestylemäßig*. Wenn *einige Dinge besonders auffallen*, wenn Thesen sich *einander gegenseitig* ausschließen oder in *erster Reihe Future Skills* vermittelt werden sollen, damit *dieses unser* Land *bildungsmäßig* wieder in eine *Poleposition* kommt.

Wissenschaftliche Texte sind nicht der Ort für Modewörter und Sprachschludrigkeit. Sachlichkeit und Präzision erfordern eine überlegte Wortwahl und präzise Angaben statt vager Formulierungen, Füll- und Modewörter.

Sie können im Alltag sagen: „Das ist mein Part" oder: „Das macht Sinn". In einer Hausarbeit sollten Sie nicht schreiben: „Die hier vorliegende Arbeit ist in den letztgenannten Part des Seminars einzuordnen." Und korrekt ist: Das *ergibt* keinen Sinn. Drei Beispiele aus Hausarbeiten:

> „Salingers ,Der Fänger im Roggen' wurde ein Renner und Kult: Der Roman verkaufte sich innerhalb von zehn Jahren dreieinhalb Millionen Mal. Auch international löst er einen Hype aus: Die Weltauflage betrug zur gleichen Zeit mehr als zehn Millionen. In den USA galt er bald als „moderner Klassiker". Heute hat sich der Fänger absatzmäßig als Longseller mit jährlich einer Viertelmillion Exemplaren etabliert."

Umgangssprache sind die Formulierungen *Renner, Kult, Hype* und *absatzmäßig*. Sie würden in einer Arbeit über Verkehrspolitik nie *Brummi* statt Lkw schreiben. Und Sie sollten in wissenschaftlichen Texten Jugendsprache vermeiden und sehr maßvoll mit „mäßig" umgehen, die fünf Buchstaben nie an ein Substantiv hängen (umsatzmäßig, kulturmäßig). Das ist das Vorrecht der Umgangssprache.

Für *Longseller* und *Bestseller* gibt es kein griffiges deutsches Wort. Im Zusammenziehen von Bedeutungen ist das Englische dem Deutschen überlegen:

> Salingers „Der Fänger im Roggen" wurde ein Bestseller und erlangte Kultstatus: In den USA wurden innerhalb von zehn Jahren dreieinhalb Millionen Exemplare verkauft. Auch international war der Roman ein großer Erfolg: Im gleichen Zeitraum erzielte er weltweit eine Auflage von mehr als zehn Millionen. In den USA galt Salinger bald als „moderner Klassiker". Der Roman wurde zum Longseller: Noch immer werden Jahr für Jahr eine Viertelmillion Exemplare verkauft.

Zweites Beispiel:

> „In der aktuellen, zunehmend polarisierten Debatte fallen einige Dinge besonders auf: Zum einen wird in der europäischen Debatte oft nicht zwischen dem chinesischen Staat einerseits *und* Wissenschaftlern *und* Universitäten auf der anderen [sic]. Die westliche Logik argumentiert oft …".

Wenn *einige Dinge auffallen,* dann wurde, wenn es sich um einen wissenschaftlichen Text handelt, die angemessene Stilebene verpasst. *Zum einen* verlangt nach *zum anderen* und *Logik argumentiert* nicht:

> In der aktuellen Debatte sind folgende Argumentationsmuster auszumachen: Zum einen wird nicht zwischen dem chinesischen Staat und Wissenschaftler*innen bzw. Universitäten unterschieden. Zum anderen wird aus westlicher Sicht …

Letztes Beispiel:

> „An was sich die ZeitzeugInnen noch erinnern können, hängt vor allem von der emotionalen Bewertung eines Ereignisses ab. Über was sie bevorzugt reden …".

Die angemessene Stilebene ist *woran* und *worüber*:

> Woran sich die ZeitzeugInnen noch erinnern können, hängt vor allem von der emotionalen Bewertung eines Ereignisses ab. Worüber sie bevorzugt reden …

Im Duden-Handbuch *Korrekt und stilsicher schreiben* heißt es: „Jedes Wort muss so gewählt sein,

- dass es genau bezeichnet, was wir meinen,
- dass es der Sache gerecht wird, über die wir schreiben" (Dudenredaktion 2013, 14).

In der Wissenschaft *untersucht (interpretiert* oder *analysiert)* man drei *Faktoren (Probleme* oder *Zusammenhänge)* und kommt zu dem *Schluss (Ergebnis* oder der *These).* Das sind die *sprachlichen* Signale für Wissenschaft.

Beruht eine Masterarbeit auf einer *Analyse,* die zu neuen *Hypothesen* führt, deren Bestätigung eine *Synthese* bislang widersprüchlicher *Ergebnisse* verspricht – dann sollten die Begriffe *Analyse, Hypothesen, Synthese, Ergebnisse* auch zu lesen sein.

Allgemeiner formuliert: In der Wissenschaft verwendet man die Termini, die angemessen wiedergeben,

- *womit* man sich wissenschaftlich auseinandersetzt: mit *Determinanten* und *Bedingungen, Kategorien* und *Strukturen, Theorien, Methoden, Ansätzen* usw.
- und wie diese Auseinandersetzung erfolgt: *analysieren, vergleichen, interpretieren, erheben, befragen* usw.

Auf der nächsten Seite sind rund hundert dieser Termini aufgeführt, die geeignet sind, exakt zu benennen, womit man sich wie in einer Arbeit auseinandersetzt.

Zusammenfassung

Kompliziert ist nicht notwendig *klug* und *unverständlich* nicht identisch mit *wissenschaftlich*. Kriterien für die Wissenschaftlichkeit eines Textes sind Genauigkeit, Zuverlässigkeit und Stringenz der Argumentation.

Wissenschaftliche Texte dürfen und sollten verständlich und klar strukturiert sein. *Gute* wissenschaftliche Texte sind freundlich – lesefreundlich; sie machen keine unnötige Lesearbeit. Verständliche und klar strukturierte Texte gelingen, wenn auf Blähkonstruktionen verzichtet und gestrichen wird, was nichts zur Erhellung eines Sachverhalts beiträgt. Hausarbeiten sollten frei sein von Fachjargon und Umgangssprache. Beim Schreiben gilt es, Stilbruch zu vermeiden und die Fülle des Wortschatzes zu nutzen.

Sprachliche Signale wissenschaftlichen Arbeitens

Adressat
Aktualität
Analyse
Anfänge
Anlass
Ansätze
Ansatzpunkt
Anwendung
Aspekt
Ausgangspunkt
Ausmaß
Basis
Bedeutung
Bedingungen
Begriff
Begründung
Beispiel
Beziehung
Charakteristik
Daten
Definition
Determinanten
Dimension
Einsichten
Elemente
Entstehung
Entwicklung
Ergebnis
Erscheinungen
Fakten
Folgen
Folgerungen
Forderungen
Formen
Fragen

Gefahren
Geltungsbereich
Geschichte
Gründe
Grundfragen
Grundlagen
Grundstruktur
Hauptströmungen
Hintergrund
Hypothese
Inhalte
Intentionen
Interesse
Istzustand
Kategorien
Konkretisierung
Konsequenzen
Konzept(ion)
Kriterien
Kritik
Leitgedanke
Leitlinien
Lösung
Merkmale
Methode
Mittel
Modell
Motiv
Nachteil
Notwendigkeit
Ordnungskriterien
Organisation
Perspektiven
Phase
Position

Praxis
Prinzip
Probleme
Programm
Quellen
Querverbindungen
Relevanz
Richtlinien
Richtungen
Schema
Schwerpunkt
Schwierigkeit
Selbstverständnis
Situation
Struktur
Synthese
System
Systematisierung
Techniken
Tendenz
Test
Terminologie
Thema
Theorie
These
Übersicht
Ursprung
Vorgeschichte
Vorteil
Zukunft
(Begründungs-,
Entdeckungs-,
Verwertungs-)
Zusammenhang
Zweck

Wie gehe ich beim Schreiben einer Arbeit systematisch vor? 3

▶ *„A goal without a plan is just a wish"* (irrtümlich Antoine de Saint-Exupéry zugeschrieben). Nehmen Sie sich, gleich ob Sie eine Haus- oder Abschlussarbeit schreiben, Zeit für die Analyse des Themas und die Planung der Arbeit. Eigene Überlegungen sind die Voraussetzung, um den Arbeitsprozess zu steuern, statt von der Literatur gesteuert zu werden. Fangen Sie nicht zu früh und nicht zu spät mit dem Schreiben an. Ein erster Entwurf gibt Auskunft darüber, was Sie sagen wollen und entlastet: Mit einer Rohfassung *erarbeiten* Sie ein Thema. In der letzten Etappe geht es um die Themen*darstellung*.

Viele schriftliche Arbeiten haben weder Hand noch Fuß. Der Grund: Studierende vertiefen sich, ist ein Thema gestellt oder gewählt, sofort in die Literatur – nach der Devise: *Mal sehen, was ich daraus machen kann.*

Die Folge: Die Arbeit wird zu einem zeitaufwendigen Prozess von Versuch und Irrtum, weil Kriterien fehlen, was warum wichtig ist und was nicht.

Vermeiden Sie unstrukturiertes Arbeiten mit vielen Umwegen. Nehmen Sie sich Zeit für die Planung und eine präzise Analyse des Themas. Die Planungsschritte für eine wissenschaftliche Arbeit sind der Abbildung 1 zu entnehmen.

Diese Schrittfolge bezieht sich auf umfangreiche wissenschaftliche Arbeiten. Für Ihre ersten Hausarbeiten kann sie auf drei Schritte verdichtet werden: Sie müssen sich über ein Thema *sachkundig machen*, das erarbeitete *Wissen strukturieren* und in eine angemessene schriftliche *Form bringen*.

Damit Sie auch für umfangreichere Arbeiten gerüstet sind, erläutere ich, was bei jedem der fünf Arbeitsschritte zu beachten ist, um erfolgreich ans Ziel zu kommen.

Abbildung 1 Die fünf Arbeitsschritte von der Themenwahl bis zur Niederschrift (eigene Darstellung)

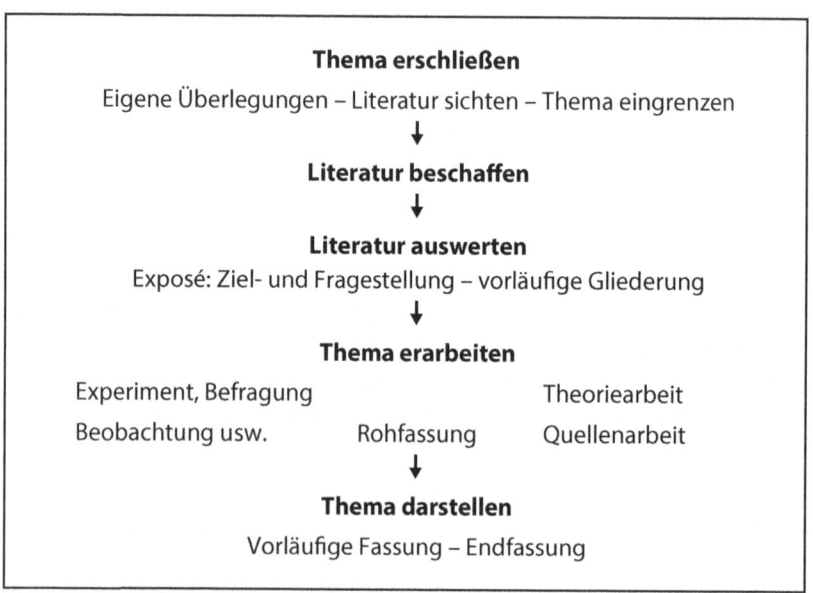

Drei Anmerkungen vorab:

- Die einzelnen Arbeitsschritte sind keine getrennten Einheiten, sondern miteinander verknüpft. Zum Beispiel müssen Sie gelegentlich einen Schritt zurückgehen, um nach vorne zu gelangen. Nach meiner Erfahrung kommen Sie am besten mit der Maxime zurecht: so viel Planung wie möglich, so viel Flexibilität wie nötig.
- Im Kapitel 7 gehe ich darauf ein, was Sie beachten sollten, wenn *Sie* entscheiden können, worüber Sie schreiben.
- Gehen Sie nicht davon aus, jede Zeile Ihrer Arbeit würde sorgfältig gelesen. Legen Sie deshalb besonderen Wert auf die Teile, die auf jeden Fall gelesen werden: Einleitung und Schluss (Kapitel 14 und 15).

Das Thema erschließen

Das Erfolgsrezept für das Schreiben einer Arbeit lautet: Der Verfasser, die Verfasserin steuert den Arbeitsprozess – statt von der Literatur gesteuert zu werden. Drei Gesichtspunkte sind dafür entscheidend.

Eigene Überlegungen

Starten Sie den Arbeitsprozess mit *eigenen* Überlegungen. Überlegen Sie: Was interessiert mich an dem Thema? Was möchte ich über das Thema wissen? Welche Fragen und Probleme sehe ich? Welche Fragen und Probleme möchte ich klären?

Um von einer Idee zu einem Thema zu kommen, ist es notwendig, sich in das Themen*gebiet* einzulesen, das Thema zu erschließen. Fragen und Visualisieren können den Zugang erleichtern.

Fragen
Fragen sind das Patentmittel zur Erschließung von Themen. Ein Beispiel:

Frage	**zielt auf**	**Beispiele**
Was	Gegenstandsbestimmung	Was heißt *Globalisierung*?
Warum, wozu	Ursache, Grund, Zweck, Ziel	Warum werden wozu welche Vorgänge *global*?
Wie	Art und Weise	Wie und in welchen Bereichen vollzieht sich *Globalisierung*? Wie wirkt sich *Globalisierung* wirtschaftlich, gesellschaftlich, kulturell und individuell aus?
Wer	Person, soziale Gruppen	Wer sind die Akteure der *Globalisierung*? Wer ist betroffen? Wer sind die Gewinnerinnen und wer die Verlierer von *Globalisierung*?
Wo	Ort, Geltungsbereich	Welche Regionen werden von *Globalisierung* erfasst? Was wird in diesen Regionen *globalisiert*?
Wann	Zeit	Wann setzte *Globalisierung* in welchen Bereichen ein?

Diese Fragen beziehen sich auf reale Vorgänge, auf die *Objektebene*.[19] In vielen Disziplinen ist es sinnvoll und nützlich, auf einer *Metaebene* zu fragen, wie und warum ein Sachverhalt zum Thema der Wissenschaft wurde und wie er (in verschiedenen Disziplinen) behandelt wird. – Ein Beispiel:

- Seit wann wird Sexualerziehung wissenschaftlich untersucht?
- Warum wurde zu diesem Zeitpunkt Sexualerziehung zum Gegenstand der Wissenschaft?
- Wer hat Sexualerziehung zum Thema gemacht, und welche Disziplinen beteiligen sich an der Diskussion?
- Wie wird über Sexualerziehung diskutiert?
- Wie hat sich diese Diskussion verändert?
- Was wird in dieser Diskussion nicht berücksichtigt?

W-Fragen können mit den problemstrukturierenden Begriffen, die ich im zweiten Kapitel aufgeführt habe, erweitert werden:

- *Warum* wurde diese *Fragestellung* in der Soziologie relevant?
- *Welche Prämissen* liegen dem Ansatz zugrunde?
- *Welches Problem* soll mit diesen Steuerreformen gelöst werden?
- *Wie* kann dieses (umweltpolitische) *Ziel* erreicht werden?

Oft ist es sinnvoll, Begriffe zu verbinden:

- *Struktur* und *Funktion* des Strafvollzugs,
- *Ursache* und *Wirkung* der Auflösung klassischer Familienstrukturen,
- *Möglichkeiten* und *Grenzen* der Bildungspolitik.

Mit der Kombination von W-Fragen und problemstrukturierenden Begriffen können Sie in der Auseinandersetzung mit der Literatur fragend die eigene Fragestellung präzisieren – um sich mit erweitertem Horizont der vorliegenden Forschung, Theorien und Modellen, Daten und Fakten, Prognosen und Szenarien, Interpretationen und Quellen zuzuwenden. Das Zwischenziel: Das Thema so zu fassen, dass es bearbeitet werden kann.

---

19 *Objekttheorien* beziehen sich auf Objekte, Prozesse, Vorgänge usw. Sie enthalten Aussagen über diese Objekte, Prozesse, Vorgänge. Die zentralen Begriffe dieser Theorien (zum Beispiel Patriarchat, Gewalt, Schule) gehören zur Objektsprache. *Metatheorien* enthalten Aussagen über Theorien – zum Beispiel über Erkenntnisvoraussetzungen oder Forschungslogik. Die zentralen Begriffe einer Metatheorie (zum Beispiel Widerspruchsfreiheit) gehören zur Metasprache.

Visualisieren

Bei der Analyse eines Themas kann es sehr hilfreich sein, Überlegungen zu visualisieren. In der Literatur wird (in Denglisch) viel Aufhebens um *Mindmapping, Clustering, HyperWriting* usw. gemacht – und zum Teil das Blaue vom Himmel versprochen. Dabei geht es um einen schlichten, aber nützlichen Gedanken: Statt linear *Fragen* zu formulieren, werden Stichworte (Schlüsselbegriffe) notiert, die man mit einem Thema assoziiert. Alle Assoziationen sind zulässig, Bewertungen und eine Auswahl finden erst dann statt, wenn das Ideen-Repertoire erschöpft ist.

Denken zu visualisieren, ist mit zwei Erwartungen verbunden: Man blockiert sich bei der Themenreflexion nicht mit Formulierungsschwierigkeiten. Die Bildform regt Gedanken an. Ein Beispiel zeigt Abbildung 2.

Abbildung 2 Visualisierung des Themas „Gewalt in der Schule" (eigene Darstellung)

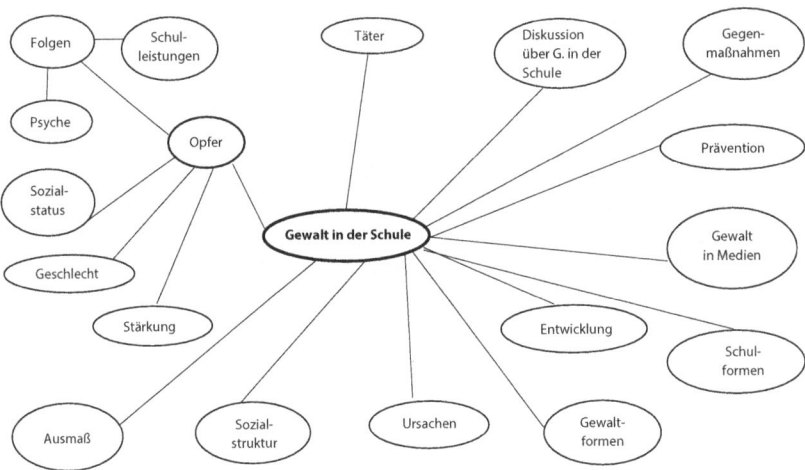

Die Literatur sichten

Die ersten Überlegungen müssen mit „hartem" Wissen unterfüttert werden: Welche Daten und Fakten, Gesetze und Kommentare liegen vor, welche Auffassungen und Kontroversen, Begriffe und Theorien, welche Interpretationen und (historischen) Analysen?

Diese Arbeitsphase dient dazu, sich einen Überblick über das Thema zu verschaffen. Die Literatursichtung geht nicht in die Tiefe, sondern in die Breite. Einen Themen-Überblick erhält man in Handbuchartikeln, Sammelbesprechungen oder aktuellen Zeitschriftenaufsätzen, in denen der Stand der Forschung bzw. Diskussion referiert wird.

Der Umfang der Literatursichtung hängt von den Anforderungen an die Arbeit ab. Ist die Literatur vorgegeben und das Thema präzise formuliert, kommt man mit einem Text aus, in dem der Gegenstand in die wissenschaftliche Diskussion eingeordnet wird.

Eine Hausarbeit ist häufig Teil eines Seminarpuzzles. Zusammen mit anderen Hausarbeiten ergibt sie ein Bild vom gesamten Seminarthema. Sie lesen und schreiben souveräner und die Arbeit fällt Ihnen leichter, wenn Sie an Ihrem „Puzzle"-Teil mit einer Vorstellung vom gesamten Bild arbeiten.

Ist ein Thema vage formuliert und die Literatur nicht verbindlich vorgegeben, müssen Sie mehr Energie in die Literatursichtung investierten, um eine Vorstellung zu gewinnen, welchen Schwerpunkt Sie setzen wollen und können.

Bei einer *Masterarbeit* zielt die Literatursichtung auf einen Überblick über den Stand der Forschung, um bestimmen zu können, welchen Beitrag die eigene Arbeit leisten soll.

Das Thema eingrenzen

Eine Hausarbeit braucht klare Grenzen, sonst ufert sie aus. Jede Arbeit braucht einen Schwerpunkt, andernfalls misslingt sie, weil alles angesprochen und – deshalb – nichts Substanzielles gesagt wird. Allgemeiner: Ein Thema darf nicht so weit gesteckt sein, dass es nur oberflächlich behandelt werden kann. Mit einem überschaubaren Thema stehen Sie auf sicherem Grund. Ein überschaubares Thema erhöht die Chance, eine „runde" Arbeit zu schreiben.

Im achten Kapitel zeige ich, wie Sie ein Thema eingrenzen können.

Literatur ermitteln

Ist die Literatur vorgegeben, stehen Sie vor keiner Herausforderung. Die eigenständige Literaturermittlung ist Handwerk. Über das Werkzeug, das notwendig ist, dieses Handwerk zu meistern, informiere ich an anderer Stelle ausführlich (Franck 2017).[20] Im Folgenden gehe ich auf die drei Voraussetzungen ein, die geklärt sein sollten, um dieses Handwerkszeug effektiv nutzen zu können.

---

20 Siehe auch die Übersicht über Fachinformationsdienste auch Wikipedia: https://de.wikipedia.org/wiki/Fachinformationsdienste_f%C3%BCr_die_Wissenschaft

Zeitpunkt: Frühstart vermeiden

Der Erfolg jeder Literaturrecherche hängt in hohem Maße von der Themenanalyse ab. Sie sollten möglichst präzise wissen, welche Literatur Sie für welchen Zweck suchen. Wenn Sie zu früh mit der Literatursuche beginnen, können Sie den Suchprozess nicht gezielt steuern und das Thema, zu dem Sie Literatur suchen, nicht hinreichend mit Schlag- und Stichworten umschreiben.

Dauer: Recherchieren und sich nicht verlieren

„Die Kunst ist lang, und kurz ist unser Leben", klagt Wagner in Goethes Faust (Bd. 5, 161). Beim Suchen nach Literatur darf man sich nicht verlieren. Vor allem nicht im World Wide Web.

Suchmaschinen wie Google sind weder erste noch zweite Wahl, wenn Sie wissenschaftliche Literatur zu einem Thema suchen. Diese Suchmaschinen finden keine Datenbanken oder zugangsbeschränkte Angebote von Bibliotheken und Forschungseinrichtungen. Und – Prinzip bei Google – eine Qualitätskontrolle findet nicht statt.

Die Literatursuche ist Mittel zum Zweck. Sie darf nicht zur Flucht werden – vor der Notwendigkeit, sich durch die Literatur zu beißen und mit dem Schreiben zu beginnen. Vor allem im Grundstudium ist Pragmatismus notwendig: Die Suche nach Literatur sollte nicht mehr als ein Fünftel der Zeit beanspruchen, die für eine Arbeit zur Verfügung steht. Wer unsicher ist, ob die Literaturbasis breit genug ist, sollte die Betreuerin oder den Betreuer der Arbeit fragen.

Suchobjekt: Welche Literatur wird benötigt?

Text ist nicht gleich Text: Sie sollten wissen, welche Art von Literatur Sie benötigen. Vor allem die Unterscheidung zwischen Primär- und Sekundärliteratur ist wichtig, wenn es darum geht, wissenschaftliche Standards zu erfüllen. Zwei Beispiele:

Student A will eine Arbeit über die Kriminalromane von Patricia Highsmith schreiben und Studentin B eine Arbeit über den Begriff des *kulturellen Kapitals* bei Pierre Bourdieu (beide Themen müssten noch präzisiert werden).

Dann sind die Romane von Highsmith und Bourdieus Veröffentlichungen Gegenstand der Arbeit – *Primärliteratur*. Aufsätze und Bücher über Highsmith oder Bourdieu sind Hilfsmittel – *Sekundärliteratur*.

Diese Unterscheidung ist aus zwei Gründen wichtig:

1) Highsmith oder Bourdieu dürfen nicht aus zweiter Hand zitiert werden.

Übersetzungen sind, so Umberto Eco, keine Quellen aus erster Hand, sondern ein Hilfsmittel, um in „beschränktem Umfang etwas zu erreichen, was einem sonst nicht zugänglich wäre." (2020, 70) Vor einer Abschlussarbeit über Bourdieu wäre deshalb klären, ob erwartet wird, dass seine Arbeiten im Original rezipiert werden. Für eine Masterarbeit über Highsmith wäre das in Anglistik Pflicht.

Für eine Bachelorarbeit über die Kriminalromane von Kristina Ohlsson wird in Soziologie oder Kulturwissenschaft nicht erwartet, dass man Schwedisch lernt, um die Romane der Erfolgsautorin im Original zu lesen.

2) Studentin B stellt zu einem bestimmten Zeitpunkt fest, dass sie sich tief in die Literatur *über* Bourdieu hineingegraben hat. Sie hat nun zwei Möglichkeiten: Sie kehrt zur Arbeit an der Quelle zurück. Oder sie ändert ihr Thema und schreibt über die Bourdieu-Rezeption.

Entscheidet sie sich für die zweite Möglichkeit, steht sie vor einer neuen Anforderung. Bourdieu ist zwar nicht mehr der Gegenstand, aber sie muss trotzdem seine Veröffentlichungen sorgfältig lesen, denn eine Arbeit über die Rezeption eines Autors verlangt umfassendes Wissen über dessen Werke. Kurz: Studentin B hat mehr Arbeit, wenn sie sich für die zweite Möglichkeit entscheidet.

Literatur auswerten

Wie geht es weiter, wenn die ausgewählten Bücher und Zeitschriften auf Ihrem Schreibtisch liegen oder auf Ihrer Festplatte ruhen? Sie können die Literatur selektiv auswerten oder mit einem Grundlagentext beginnen.

Den ersten Weg können Sie beschreiten, wenn Sie sich in Ihrem Thema auskennen und genau wissen, welche Informationen Sie wofür brauchen.

Ist das Thema für Sie neu, sollten Sie mit einem Text beginnen, der Ihnen einen Überblick vermittelt. Mit einem solchen Grundlagentext schaffen Sie die Voraussetzung, um unterschiedliche Positionen zum Thema einordnen und tiefer in die Materie einsteigen zu können. Das Risiko auf diesem Weg: Im Grundlagentext wird nur eine Problemsicht akzentuiert. Dieses Risiko können Sie in Kauf nehmen, wenn Sie kritisch lesen und die Aussagen im Text stets auf Ihre Themenanalyse beziehen.

Der Grundlagentext ist Mittel zum Zweck: Sie wollen Informationen über Ihr Thema. Doch der Grundlagentext ist kein Supermarkt, in dem mal hier und mal dort Waren aus dem Regal genommen werden können. Beachten Sie deshalb die Intention, die mit dem Text verfolgt wird, und den Zusammenhang, in dem die einzelnen Informationen und Argumente stehen.

Nach dem Studium des Grundlagentextes haben Sie wiederum zwei Möglichkeiten: Entweder Sie lesen einen ähnlich umfassenden Text, in dem das Thema unter einem anderen Blickwinkel betrachtet wird. Oder Sie greifen zu Texten, in denen einzelne Aspekte vertieft und ergänzt werden. Welche der beiden Möglichkeiten sinnvoller ist, lässt sich nicht verbindlich festlegen. Ich empfehle, erst dann mit der selektiven Literaturauswertung zu beginnen, wenn Sie den Eindruck haben, dass Sie Ihr Themenfeld überblicken.

Die Frage nach der Reihenfolge der Lektüre stellt sich etwas anders, wenn Sie über die Arbeit einer Ihnen bislang unbekannten Autorin schreiben: Ob es sinnvoller ist, mit der Primärliteratur zu beginnen oder zunächst Sekundärliteratur heranzuziehen, hängt davon ab, wie nah oder fern Ihnen die Gedankenwelt der Autorin ist. Wäre, um auf mein Beispiel zurückzukommen, Bourdieu Ihr Autor, kämen Sie wahrscheinlich einerseits ohne Sekundärliteratur nicht voran. Andererseits könnten Sie ohne die Lektüre Bourdieus die Sekundärliteratur nicht beurteilen. Was tun? Wechseln Sie zwischen der Primär- und Sekundärliteratur: Beginnen Sie mit einem oder zwei Texten über Bourdieu. Versuchen Sie dann zu verstehen, worum es Bourdieu geht. Wechseln Sie wieder zur Sekundärliteratur und kehren Sie schließlich wieder mit dem Ziel zum Autor zurück, seine Arbeit vor dem Hintergrund neuer Kenntnisse besser zu verstehen.

Während der Lektüre sollten Sie wichtige Informationen, Quellenhinweise, Gedankensplitter usw. schriftlich festhalten. Das ist aus mehreren Gründen unerlässlich:

- Sie sind vergesslich.
- Notizen machen Ihren Arbeitsprozess greifbar und können psychisch entlasten, weil sichtbar wird, dass Sie gearbeitet haben und diese Arbeit zu einem (Zwischen-)Ergebnis geführt hat.
- Der Kopf wird frei für neue Gedanken.
- Wenn Sie parallel zur Lektüre eigene Gedanken notieren, schaffen Sie leichter den Sprung von der Literatur- zur Themenerarbeitung.

Zu einem bestimmten Zeitpunkt müssen Sie die Lektürephase abschließen: eine Fragestellung oder Hypothese formulieren, das Ziel Ihrer Arbeit benennen. Für Abschlussarbeiten müssen Sie ein Exposé schreiben. Darum geht es ausführlich im nächsten Kapitel.

Sie werden im nächsten Arbeitsschritt nicht ohne Literatur auskommen, sondern in diesem Buch oder jenem Aufsatz noch einmal nachlesen, zu einem bestimmten Aspekt, dessen Bedeutung Ihnen erst beim Schreiben bewusst wird, weitere Literatur heranziehen. Überlegungen müssen modifiziert werden, Entscheidungen überdacht, Lücken geschlossen. Das ist kein Rückschritt, sondern ein Schritt nach vorn. Auch bei einer sehr sorgfältigen Planung lässt sich nicht jeder Aspekt einer Arbeit vorhersehen.

Zu einem gewissen Zeitpunkt, der nie völlig frei von Willkür ist, muss das angeeignete Wissen strukturiert werden.

Das Thema erarbeiten: Vorläufige Gliederung und Rohfassung

Die optimale Struktur für Ihre Arbeit finden Sie nicht auf Anhieb. Sie sollten sich mehrere Anläufe gestatten, um verzweigte komplexe Sachverhalte in eine lineare Struktur zu bringen. Eine vorläufige Gliederung ist Ergebnis und Voraussetzung Ihrer Arbeit.

Voraussetzung: Sie müssen den Bereich abstecken, der in einer Arbeit behandelt werden soll. Mit einer vorläufigen Gliederung schaffen Sie sich einen Bezugspunkt für die weitere Auseinandersetzung mit der Literatur. Und Sie haben einen Ausgangspunkt, um eine Rohfassung zu schreiben, in der das erarbeitete Wissen über ein Thema und eigene Überlegungen einzelnen Gliederungspunkten zugeordnet werden.

Im Prozess des Schreibens wird die Gliederung verändert. Das ist kein Problem, sondern die Regel. Entscheidend ist: Sie verändern die *eigene* Gliederung, arbeiten also an der eigenen Arbeit.

Für empirische Arbeiten gibt es bewährte Strukturen, auf die ich in den Kapiteln 6 und 9 eingehe. Im Folgenden steht die Auseinandersetzung mit Theorien und Quellen im Mittelpunkt.

Rohfassung

Es geht nun um die Startvorbereitungen zum Schreiben: Die gesammelten Informationen, das erarbeitete Wissen und die eigenen Überlegungen werden den einzelnen Gliederungspunkten zugeordnet, Bezüge, Zusammenhänge und Argumentationsabfolgen überdacht. Das Mindmap aus der Anfangsphase ist eine nützliche Grundlage, um zu überprüfen, ob

- wichtige Gesichtspunkte übersehen wurden,
- Abweichungen von den ursprünglichen Überlegungen sinnvoll und begründet oder einfach passiert sind,
- noch Lücken durch gezieltes Lesen geschlossen werden müssen.

Sind diese Vorbereitungen abgeschlossen, wird der erste Entwurf zu Papier gebracht: die Rohfassung. Der erste Entwurf ist nicht der letzte. Nehmen Sie den

Ausdruck *Rohfassung* wörtlich. Die Endfassung geben Sie ab. *Den ersten Entwurf schreiben Sie für sich.* Mit der Rohfassung vergewissern Sie sich schreibend: Was will ich sagen? Ist ein roter Faden erkennbar? Kann ich die Grundzüge meiner Überlegungen, die wesentlichen Argumente zusammenhängend darstellen?

Halten Sie sich deshalb nicht mit Formulierungen auf; formulieren Sie „roh". Sie schreiben die erste Fassung. Schreiben Sie in *Ihren* Worten, versuchen Sie nicht, einen Stil zu kopieren. Das bringt Sie nicht voran, sondern in unnötige Schwierigkeiten. Stellen Sie sich vor, Student*innen, die mit der Materie nicht vertraut sind, sollen Ihren Text lesen. Dann haben Sie einen Anhaltspunkt für das richtige Niveau (siehe auch Kapitel 12).

Beim Schreiben der Rohfassung kommt es darauf an, die Balance zwischen Planung und Spontaneität zu halten. Das erfordert einen Mittelweg zwischen zwei Extremen:

1) Bevor ein Satz zu Papier gebracht wird, muss die Arbeit erst im Kopf von Anfang bis Ende durchdacht sein.
2) Die besten Ideen kommen beim Schreiben.

Schreiben ist mehr als die Ausführung des Denkens. Die Übersetzung von Gedanken in einen Text kann zu neuen Erkenntnissen und anderen Gedanken führen. Wenn Sie zum Beispiel feststellen, dass es Ihnen nicht gelingt, zwei Überlegungen sprachlich zu verbinden, dann muss das kein Formulierungsproblem sein. Sie können auch schreibend darauf gestoßen sein, dass es an dieser oder jener Stelle hakt. Nach einer Formulierung zu suchen, die diese Tatsache verdeckt, wäre deshalb der falsche Weg, um voranzukommen.

Die zweite Haltung endet oft in einer Sackgasse: Eine oder zwei Seiten gehen leicht von der Hand, doch dann führt kein Weg mehr weiter, weil keine Verbindung zur Literatur oder anderen Aspekten des Themas hergestellt werden kann.

Mit beiden Haltungen überfordern Sie sich. Die Balance zwischen Planung und Spontaneität gelingt dann, wenn Sie beim Schreiben einerseits Ihrer vorläufigen Gliederung folgen und andererseits Raum lassen für Überlegungen, die zunächst nicht ins Konzept passen. Ein Rohmanuskript darf Brüche enthalten. Mit einer Rohfassung schaffen Sie sich eine gute Grundlage zum Weiterdenken. Gut ist diese Grundlage vor allem deshalb, weil mit ihr das Thema überschaubar wird.

Das erleichtert die Weiterarbeit. Um diese Erleichterung bringen sich alle, die versuchen, diese Stufe zu überspringen. Sie können und sollen unzufrieden sein mit der Rohfassung – und den Vorzug sehen, dass Sie sich mit *Ihrem* Text auseinandersetzen: Sie sind ein gutes Stück vorangekommen.

Das Thema darstellen und in Form bringen

Mit der Rohfassung ist das Thema *erarbeitet*. In der letzten Etappe vor dem Ziel muss das Thema *aufbereitet* werden. Viele machen vor dem Ziel schlapp und bringen sich um einen krönenden Abschluss. Was ist notwendig, um erfolgreich ans Ziel zu kommen?

Vorläufige Fassung

Die Rohfassung ist eine Selbstvergewisserung: So stellt sich mir die Sache dar. Was zu Papier gebracht wurde, erschien zum Zeitpunkt des Schreibens wichtig und schlüssig. Nun geht es darum, das Produkt mit kritischer Distanz zu prüfen: Ist wirklich alles wichtig und schlüssig? Ist der Text für andere verständlich, die sich nicht intensiv mit dem Thema beschäftigt haben? Auf folgende Aspekte ist besonders zu achten.

Roter Faden. Ist die Arbeit schlüssig gegliedert und folgerichtig aufgebaut, ist ein roter Faden ersichtlich?

Wurde die Schwerpunktsetzung begründet und eingeordnet? In der Einleitung wird erläutert, warum man welchen Schwerpunkt setzt und worauf man warum nicht eingeht. In einer Hausarbeit sollte – und in der Abschlussarbeit muss – auf die Zusammenhänge zwischen dem behandelten Themen-Ausschnitt und dem Themen-Ganzen hingewiesen werden. Die Orte für diese Einordnung sind die Einleitung (Kapitel 14) oder der Schluss (Kapitel 15).

Sind die zentralen Begriffe erläutert und Definitionen eindeutig? In den Sozial- und Geisteswissenschaften sind verbindliche Definitionen von zentralen Fachbegriffen die Ausnahme. *Bildung, Emanzipation* oder *Moderne* lassen sich nicht nach dem Muster $E = mc^2$ auf eine Formel bringen oder wie ein Quadrat eindeutig definieren. Deshalb müssen die zentralen Begriffe einer Arbeit geklärt werden (siehe Kapitel 1).

Was kann gestrichen werden? Wenn Sie sich ein Thema erarbeiten, ist vieles für das *eigene* Verständnis der Sache wichtig – aber nicht unbedingt für die Arbeit relevant. In einer Hausarbeit *bereiten* Sie *auf*, was Sie gelesen haben; Sie bringen nicht alles zu Papier, was Sie über ein Thema wissen. Streichen Sie deshalb, was nicht zum Verständnis des Gegenstandes beiträgt, was die Argumentation verdeckt, statt sie zu verdeutlichen. Auch wenn es schwerfällt, sich von Formulierungen zu trennen, um die Sie hart gerungen haben: Weniger ist oft mehr. Ein Text ist dann gelungen, wenn nichts mehr gestrichen werden kann (siehe auch Kapitel 6).

Was muss ergänzt werden? Rohfassungen geraten an einigen Stellen zu lang und an anderen zu kurz. Die eine oder andere Überlegung wird im Kopf vollzogen, aber nicht zu Papier gebracht. Deshalb ist zu prüfen, ob die Argumentation Schritt für Schritt entwickelt wird und nachvollziehbar ist.

Einleitung und Schluss abgleichen. Die Kernfrage dieses Prüfschrittes lautet: Hält die Arbeit, was in der Einleitung versprochen wurde? Kann die Frage, die einleitend aufgeworfen wurde, im Schluss bilanzierend beantwortet werden? Kann die These, die in der Einleitung formuliert wurde, zusammenfassend verifiziert oder falsifiziert werden?

Endfassung

Die vorläufige Fassung mag eine schwere Geburt gewesen sein. Sie ist aber kein Kind. Sie müssen sie deshalb nicht so lieben, wie sie ist.

Damit aus der vorläufigen eine gelungene Fassung wird, ist sorgfältiges Redigieren notwendig, denn *es gibt keine gute erste Fassung*. Ein guter Text ist ein umgeschriebener Text. Das heißt: Die vorläufige Fassung muss sprachlich überarbeitet werden. Ich rate zu folgenden Prüfschritten:

- Wird korrekt belegt und sind die Quellenangaben vollständig?
- Wird einheitlich zitiert und abgekürzt?
- Sind alle Füllwörter gestrichen?
- Werden Wortwiederholungen vermieden?
- Ist der Text frei von Stilbrüchen?
- Sind wiederkehrende Termini einheitlich geschrieben?
- Ist der Text frei von Fachjargon und enthält er so viele Fachtermini wie nötig und so wenige Fremdwörter wie möglich?
- Lässt sich die Struktur der einzelnen Kapitel vereinheitlichen?
- Sollten die Kapitel um Überleitungen und Teilzusammenfassungen ergänzt werden?
- Muss an Einleitung und Schluss noch gefeilt werden?

Diese Feinarbeiten tragen entscheidend zum Gelingen einer Arbeit bei. Adorno: „Keine Verbesserung ist zu klein oder geringfügig, als daß man sie nicht durchführen sollte. Von hundert Änderungen mag jede einzelne läppisch und pedantisch erscheinen; zusammen können sie ein neues Niveau des Textes ausmachen." (1945, 95)

Schlusskorrektur

Rechtschreib- und Grammatikfehler machen keinen guten Eindruck. Nutzen Sie deshalb ein Rechtschreibprogramm, aber verlassen Sie sich nicht auf das Programm.

Das Rechtschreibprogramm von *Word* ist unzureichend. Zwar wird *Gedenkausgabe* für *Gedankausgabe* vorgeschlagen, aber Sinnentstellungen entdeckt dieses Programm häufig nicht. Das Duden-Rechtschreibprogramm überfordern Sie, wenn Sie in Ihrer Hausarbeit die Welt in den schönsten Farben *ausmahlen* oder empfehlen: die *Hautsache* in den Hauptsatz. Das Programm LanguageTool[21] entdeckt zwar diese Fehler, übersieht dafür aber andere.

Ein PC ist eine nützliche Hilfe für die Erstellung der Endfassung. Mehr nicht: Eine perfekte Gestaltung gleicht inhaltliche Schwächen nicht aus. Eine schlüssige Gliederung und ein Text ohne Tippfehler sind wichtiger als eine schöne Schrift. Gleichwohl: Auch die Form sollte stimmen und die Gestaltungsvorgaben von Prüfer*innen beachtet werden.

Abschließen

Irgendwann muss Schluss sein. Jeder Text kann verbessert werden. Die Entscheidung, einen Text als *endgültigen* Text zu betrachten, ist daher immer mit Willkür verbunden. Mit dem Zweifel, ob die Arbeit gelungen ist, sind Sie nicht alleine. Bestseller-Autor Daniel Kehlmann etwa denkt immer dann, wenn ein Manuskript abgeschlossen ist: „Das ist misslungen! Aber da muss man durch." (2018, 29)

> **Zusammenfassung**
>
> Aller Anfang ist schwer. Eigene Überlegungen sind eine gute Starthilfe. Ein planmäßiges Vorgehen und eine gezielte Literaturrecherche sowie eine präzise Frage- und Zielstellung sind Voraussetzung für eine gelungene Arbeit.
>
> Hemingway soll die letzte Seite von „Wem die Stunde schlägt" 39-mal umgeschrieben haben. Seine Sorgfalt hat sich gelohnt. 1954 erhielt er den Literaturnobelpreis. Für Ihre Haus- oder Masterarbeit genügen drei Versionen: eine Rohfassung, eine vorläufige und eine Endfassung.

---

21 https://languagetool.org/de

Wofür ist ein Exposé gut und worüber gibt es Auskunft? 4

▶ *Ein Exposé ist eine Schreibanleitung: Worüber* soll *warum* und *wozu was* geschrieben und welche *Methoden* und *Quellen* genutzt werden?
Die Kurzbeschreibung einer geplanten Arbeit ist zudem Basis für eine ergebnisorientierte Verständigung mit dem oder der Betreuer*in über eine geplante Arbeit.

Ob Hausarbeit, Bachelor- oder Masterarbeit: Planung ist die halbe Arbeit. Ein überaus nützliches Planungsinstrument ist das Exposé, die Kurzbeschreibung der geplanten Arbeit. Ein Exposé eröffnet die Chance, ohne (große) Umwege ans Ziel zu kommen.

Auf den folgenden Seiten steht zunächst das „große" Exposé für Abschlussarbeiten im Mittelpunkt. Im zweiten Schritt geht es um das „kleine" Exposé für eine Hausarbeit.

Drei Hinweise vorab: Für Bachelor- und Masterarbeiten ist ein Exposé meist Pflicht. Vergewissern Sie sich, welche Erwartungen an ein Exposé an Ihrem Fachbereich bestehen. Achten Sie zudem darauf, ob formale Vorgaben – zum Beispiel für das Deckblatt – existieren und ob ein *Abstract* verlangt wird.

Das Exposé einer Bachelorarbeit kommt in der Regel mit vier Seiten aus.[22] Für eine Masterarbeit dürfen es einige Seiten mehr sein.

Auf den Webseiten vieler Hochschulen werden Hilfen für das Schreiben eines Exposés angeboten. Zum Beispiel auf den Seiten der Universitäten Duisburg-Essen (Kersken 2009), Darmstadt (Ziegler o. J.), Bielefeld (Fakultät für Erziehungswissenschaft 2021), Hamburg (https://encr.pw/Y5Rgo) und der PH Weingarten (2021).

---

22 Instruktive Musterexposés für Bachelorarbeiten finden Sie im *Studentischen Magazin der HAW Hamburg* – zum Beispiel: Kubina (2020), Strehlow (2020) und Utz (2024).

© Der/die Autor(en), exklusiv lizenziert an
Springer Fachmedien Wiesbaden GmbH, ein Teil von Springer Nature 2024
N. Franck, *Schreiben im Studium*,
https://doi.org/10.1007/978-3-658-45377-0_5

Exposé für Abschlussarbeiten und Dissertationen

Ein Exposé ist für Abschlussarbeiten und Dissertationen[23] aus zwei Gründen unverzichtbar

1) Für diese Arbeiten müssen Sie eine Betreuerin oder ein Betreuer gewinnen. *Gewinnen* heißt vor allem: vom Sinn und der Machbarkeit der Arbeit überzeugen. Ein Exposé ist eine gute Grundlage, um sich ergebnisorientiert über die geplante Arbeit zu verständigen. Je präziser Sie beschreiben, was Sie vorhaben, desto gezielter können Ihnen Betreuer*innen Hinweise geben.
2) Wer sich zwischen zwei und sechs Monaten und gar mehreren Jahren mit einem Thema beschäftigen will, sollte wissen, was er tut oder sie besser lässt. Ein Exposé hilft, Irrwege zu vermeiden.

In einem Exposé wird über folgende Aspekte der geplanten Arbeit Auskunft gegeben.

1. Problem
Welches theoretische, praktische, soziale, juristische usw. Problem ist Ausgangspunkt der Arbeit?

2. Forschungsstand
Welche Erkenntnisse liegen zu diesem Problem vor? Was ist bislang noch nicht ausreichend behandelt oder unzureichend geklärt? Liegen widersprüchliche Aussagen und/oder Interpretationen vor? Welchen Bezug zur vorliegenden Forschung hat die eigene Arbeit? Problemstellung und Forschungsstand sind miteinander verknüpft: Aus Lücken in der Forschung ergibt sich häufig die Problem- bzw. Fragestellung.

3. Fragestellung
Auf welche Frage(n) soll in der Arbeit eine Antwort gegeben werden?
 Die Fragestellung

- wird in der Auseinandersetzung mit dem Problem entwickelt,
- ist auf einen Problem-Ausschnitt gerichtet,
- wird so formuliert, dass sie beantwortet werden kann. Deshalb sollte sie sehr präzise sein.

---

23 Auf Dissertationen gehe ich im Promotionshandbuch (Franck 2021) ausführlich ein.

Eine Fragestellung ist eine *wissenschaftliche* Fragestellung, wenn ein *Problem* vorliegt: Was ist unbekannt, unklar oder widersprüchlich an dem Gegenstand, über den eine Arbeit geschrieben werden soll? Was muss getan werden, um dieses Problem zu lösen, diese Wissenslücke zu schließen? Eine wissenschaftliche Fragestellung zielt auf neue Erkenntnisse.

4. Erkenntnisinteresse
Warum will man sich mit diesem Problem beschäftigen, dieser Frage nachgehen?

Fragestellung und Erkenntnisinteresse sind Ausgangspunkt für die Wahl eines Erklärungsansatzes oder Theorierahmens, auf den man sich in der Arbeit beziehen will (vgl. Punkt 6).

5. Ziel
Was soll erreicht, bewiesen oder widerlegt werden?

Vor dem Schreiben ist Klarheit über das Ziel einer Arbeit erforderlich, sonst besteht die Gefahr, sich in Einzelheiten und Nebensächlichem zu verlieren. Deshalb sollte man präzise bestimmen: *Was* will ich wissen? Und *wozu* will ich das wissen? Will ich (vorrangig)

- beschreiben:
  Wie hat sich der Anteil von Frauen in kommunalen Spitzenpositionen entwickelt?
- erklären:
  Warum ist der Anteil von Frauen in kommunalen Spitzenpositionen vor so gering?
- prognostizieren:
  Wie wird sich der Anteil von Frauen in kommunalen Spitzenpositionen entwickeln?
- gestalten:
  Wie lässt sich der Anteil von Frauen in kommunalen Spitzenpositionen erhöhen?
- bewerten:
  Wie ist der aktuelle Anteil von Frauen in kommunalen Spitzenpositionen zu bewerten?

In der Regel beschränken sich Bachelor- und Masterarbeiten nicht auf Beschreibungen oder Erklärungen, sondern verfolgen zwei oder mehr Forschungsfragen.

Wer weiß, was eine Arbeit leisten soll, kann zielgerichtet arbeiten. Mit einem klaren Ziel hat man eine Orientierung, welche Wege eingeschlagen werden müs-

sen, um voranzukommen. Christian Morgenstern: „Wer vom Ziel nicht weiß, kann den Weg nicht haben" (1914, 40 f.).
Wer *realistische* Ziele formuliert, kann am Ziel ankommen. Kruse hat eine Liste möglicher Ziele zusammengestellt. Unter anderem führt er folgende „weite" und „enge" Ziele auf:

Weite Ziele:
- einen Beitrag zum Verständnis von … leisten,
- Wissen über … zusammentragen,
- Klarheit in eine Kontroverse bringen,
- etwas Neues bekannt machen,
- eine bereits durchgeführte Studie replizieren,
- eine Institution oder Prozesse evaluieren,
- auf etwas Vergessenes hinweisen.

Enge Ziele:
- einen Sachverhalt erklären,
- eine Behauptung prüfen,
- einen Zusammenhang untersuchen,
- Theorien, Positionen etc. vergleichen,
- Argumente für und gegen eine wissenschaftliche Position diskutieren,
- einen Sachverhalt analysieren,
- ein Werk interpretieren,
- ein Themenfeld systematisieren (2007, 130 f.).

6. Theoriebezug
Auf welche Erklärungsansätze bzw. Theorien wird Bezug genommen?
Machen Sie deutlich, wie Sie – zum Beispiel – Motivation oder Inklusion, Neokolonialismus oder Identität verstehen. Dafür benötigen Sie einen Bezug auf Theorie. Und aus diesem Verständnis ergibt sich ein bestimmter methodischer Zugang, zum Beispiel die Entscheidung, ob Sie sich quantitativer oder qualitativer Methoden bedienen. Kurz: Machen Sie in den Forschungsfeldern, in denen das notwendig ist, Ihre theoretischen Bezugspunkte deutlich, die für Ihre Methoden- und Materialwahl ausschlaggebend sind.

7. Methode
Mit welcher Methode soll das Problem bearbeitet, die Frage beantwortet werden?
Ohne adäquate Methode kommt man nicht zum Ziel. Skizzieren Sie im Methodenabschnitt Ihres Exposés, welche Methode(n) Sie *warum* anwenden. Machen Sie deutlich, dass die Methode geeignet ist, um Ihre Forschungsfrage zu

beantworten. Prüfen Sie, ob es notwendig ist, einen kurzen Überblick über das Methodenspektrum zu geben, das für Ihr Vorhaben in Betracht kommen *könnte* und welche Methode(n) Sie für nicht zielführend ansehen.

Es kann notwendig sein, zu erläutern, welche Personen(gruppen) in die Untersuchung einbezogen werden sollen (und nach welchen Kriterien die Auswahl erfolgt). Und es kann notwendig sein, die geplante(n) Versuchsanordnung(en) zu erläutern. – Kürzer: Die Methodenauswahl ist begründungspflichtig.[24]

8. Material
Welche Quellen (Daten) liegen vor, welche müssen ermittelt werden? Welches Material ziehe ich heran, um mein Ziel zu erreichen?

Um welches Material auch immer es sich handelt – Literatur, (historische) Quellen, Gesetzestexte, Datensätze, Videos, Fotos, Tagebücher, Höhlenzeichnungen oder Noten – Auswahl, Umfang und Güte sind zu erläutern.

9. Vorläufige Gliederung
Welche Aspekte sollen in welcher Reihenfolge behandelt werden?

10. Literaturverzeichnis
Das Literaturverzeichnis am Ende des Exposés enthält die Quellen, die erwähnt wurden. Mehr nicht. Das Literaturverzeichnis widerspiegelt, ob und in welchem Umfange Sie Ihr Forschungsfeld überblicken, die relevante Literatur kennen. Die kundige Betreuerin kann dem Verzeichnis entnehmen, ob Sie auf dem richtigen Weg sind. Dem kompetenten Betreuer fällt auf, wenn Sie Belesenheit nur vorgeben.

Zum Exposé für Masterarbeiten oder Dissertationen gehört zudem ein *Zeitplan*: Wie viel Zeit wird für die wichtigsten Arbeitsschritte benötigt? Bis wann soll die Arbeit abgeschlossen werden?

Je umfangreicher die Arbeit ist, die Sie schreiben, desto wichtiger ist ein *zuverlässiger* Zeitplan. Planen Sie realistisch: Wie lange wird zum Beispiel die Literaturrecherche dauern? Achten Sie darauf, genügend Zeit für die Überarbeitungsphase und die Schlusskorrektur einzuplanen. Ich gebe für jeden Arbeitsschritt einen Tag für mögliche Pannen zu: Der PC stürzt ab, der Drucker streikt, der Copyshop hat geschlossen ...[25]

---

24 Halten Sie in der eigentlichen Arbeit die Ausführungen zu Theorie und Methode kurz und knapp. Die Ausführungen zu Theorie und Methode müssen einen Bezug zur Fragestellung und zum Ziel der Arbeit haben.
25 Mehr zur Zeitplanung bei Püschel (2017).

Der Zeitplan ist von entscheidender Bedeutung für die Beurteilung eines Exposés. Mit einem realistischen Zeitplan weisen Sie nach, dass Sie die Arbeit schreiben *können*, die Sie schreiben *wollen*.

Exposé für Hausarbeiten

Für eine Hausarbeit ist ein Exposé zwar nicht obligatorisch, aber sehr hilfreich: Es erspart unnötige Arbeit.

Für das Exposé einer Hausarbeit brauchen Sie nicht mehr als zwei Seiten. Man formuliert einen Arbeitstitel, der die Fragestellung zum Ausdruck bringt, macht eine vorläufige Gliederung und gibt in wenigen Sätzen Auskunft über:

1) die *Aufgabe*, mit der man sich auseinandersetzt,[26]
2) die *Frage*, der man nachgeht,
3) das *Ziel* der Arbeit,
4) den *Aufbau* der Arbeit.

Wenn Sie diese vier Punkte formulieren und eine (vorläufige) Gliederung zu Papier bringen können, haben Sie die Sicherheit, dass Sie Ihre Arbeit schreiben können.

Zusammenfassung

Je größer Ihr Schreibprojekt ist, desto wichtiger ist ein Exposé, das begründet Auskunft gibt, was Sie warum wozu wie untersuchen und in welchen Schritten Sie Ihr Ziel erreichen wollen.

---

26 In Hausarbeiten werden keine Probleme gelöst, sondern *Aufgaben:* Man weist nach, dass man vorhandenes Wissen nach wissenschaftlichen Standards bearbeiten kann. Diese Aufgabe mag Probleme bereiten; sie ist jedoch nicht mit der Anforderung verbunden, die Wissenschaft zu bereichern.

5 Worauf kommt es bei Hausarbeiten an?

▸ *Jede Haus- oder Seminararbeit ist eine Mini-Abschlussarbeit.* Genauer: Sie kann es werden, wenn Sie die Herausforderung (oder Last), eine Hausarbeit zu schreiben, als Chance nutzen, für Ihre Abschlussarbeit zu üben.

Welchen Umfang soll eine Hausarbeit haben? Wie viel Zeit steht für eine Bachelor- oder eine Masterarbeit zur Verfügung? Und worauf kommt es bei diesen Arbeiten an?

Eine allgemein verbindliche Antwort auf diese Fragen ist nicht möglich: Zu verschieden sind von Fach zu Fach die Anforderungen an schriftliche Arbeiten. Und zu unterschiedlich sind die Bewertungskriterien von Prüferin zu Betreuer.[27]

Nahezu jede Hochschule wartet mit eigenen Regeln und Vorschriften für Haus-, Bachelor- und Masterarbeiten auf. Über die sollten Sie sich informieren, um böse Überraschungen zu vermeiden.

Auf den Webseiten vieler Hochschulen bzw. Fachbereiche finden Sie Leitfäden für das Schreiben von Seminar-, Bachelor- und/oder Masterarbeiten, die sehr hilfreich sein können.[28]

---

27 Ich habe Dissertationen gelesen, die ich nicht einmal als Hausarbeit akzeptiert hätte. Ich habe Bachelorarbeiten gelesen, die das Niveau einer Masterarbeit hatten. Und bei der Lektüre so mancher Staatsexamensarbeit angehender Lehrer*innen habe ich gedacht: *Die armen Kinder.*
   Auf Plattformen wie *hausarbeiten.de* und *grin.com/de* können Sie sich ein Bild von den großen Niveauunterschieden machen und feststellen, dass der Umfang sowohl von Hausarbeiten als auch von Master- und Bachelorarbeiten enorm variiert.

28 Meine Favoriten: Hausarbeit: Achtnich u. a. (2018) und Institut für Sprach-, Medien- und Musikwissenschaft (2020); Bachelorarbeit: Hanisch & Team (2017) und Lange (2016); Masterarbeit: Arbeitsgruppe Mehrsprachigkeit und Bildung (2020) und Abteilung Schulpädagogik (2021).

© Der/die Autor(en), exklusiv lizenziert an
Springer Fachmedien Wiesbaden GmbH, ein Teil von Springer Nature 2024
N. Franck, *Schreiben im Studium*,
https://doi.org/10.1007/978-3-658-45377-0_6

Mindestens jedoch geben sie Auskunft über formale Vorgaben wie Deckblatt, Eigenständigkeitserklärung oder (bei einer Gruppenarbeit) Teilungserklärung. Auf diese formalen Regeln gehe ich deshalb nicht ein.

Im dritten Kapitel habe ich gezeigt, welche Schritte von der Themenwahl bis zur Endfassung führen. Bei einer Abschlussarbeit müssen Sie mehr und größere Schritte machen als bei einer Hausarbeit. Doch die Schritte gehen in die gleiche Richtung: Bachelor- und Masterarbeiten haben Strukturen, die auch Hausarbeiten kennzeichnen – zum Beispiel die Einleitung und das Literaturverzeichnis. Und in fast allen Einleitungen, mögen sie inhaltlich noch so verschieden sein, können Sie Strukturgemeinsamkeiten entdecken.

Wenn Sie mit den Strukturen umgehen können, die in wissenschaftlichen Arbeiten üblich sind, erleichtert Sie sich das Schreiben, denn Schreiben ist auch Handwerk und Routine. Zu den handwerklichen Fähigkeiten beim Schreiben gehört die Verwendung von bewährten Strukturen und Schreibmustern. Das Literaturverzeichnis einer Masterarbeit ist umfangreicher als das einer Hausarbeit (und eventuell sehr differenziert gegliedert). Doch selbst das umfangreichste und differenzierteste Literaturverzeichnis baut auf einem Grundmuster auf. Und das sollte schon in der ersten Hausarbeit stimmen.

In diesem Kapitel liegt der Akzent auf dem *Titel* der Arbeit und dem *Hauptteil*. Wie im folgenden Kapitel über die Bachelor- und Masterarbeit gehe ich zudem auf Bewertungskriterien und typische Fehler ein.

Mehr über die Hausarbeit

Wissenschaftliche Standards	Kapitel 1
Stil	Kapitel 2
Arbeitsprozess	Kapitel 3
Themenwahl	Kapitel 7
Themeneingrenzung	Kapitel 8
Gliederung	Kapitel 9
Inhaltsverzeichnis	Kapitel 17
Literaturüberblick	Kapitel 10
Referieren und kritisieren	Kapitel 11
Einleitung	Kapitel 14
Schluss	Kapitel 15
Zitieren und belegen	Kapitel 18 und 19

Haus-, Semester-, Seminararbeit: Wissen anwenden

Haus-, Semester- oder *Seminararbeit* sind unterschiedliche Termini für dieselbe Sache: Einen Text über ein *überschaubares Thema* produzieren, der *wissenschaftlichen Standards* genügt.

„Eine Hausarbeit ist kein Lebenswerk, kein Ausweis Ihrer Genialität und kein Nachweis darüber, was Sie so alles über ein Thema wissen." (Achtnich u. a. 2018) Sie sollen in einer Hausarbeit auch nicht das Rad neu erfinden und nicht die Wissenschaft voranbringen. Sie sollen vielmehr *Wissen anwenden*, nachweisen, dass Sie ein Thema mit Hilfe vorliegender Erkenntnisse bearbeiten können.

Während Ihres Studiums schreiben Sie Arbeiten, in denen Sie zum Beispiel Texte interpretieren, Literatur referieren, Konzepte analysieren, Theorien vergleichen oder empirische Untersuchungen bewerten. Der Gegenstand, die Fragestellung und das Ziel dieser Arbeiten können sehr unterschiedlich sein. Doch bei aller Vielfalt lassen sich drei wiederkehrende Anforderungen ausmachen: Die *tragenden Begriffe* sind zu *klären*. Jedes Kapitel braucht eine *klare Struktur* und die gesamte Arbeit einen *roten Faden*.

Was wird darüber hinaus bewertet? Das sind die klassischen Bewertungskriterien von Hausarbeiten:

Inhalt
- Begriffe — Werden die tragenden Begriffe präzise bestimmt?
- Fragestellung — Ist die Fragestellung eindeutig?
- Quellen — Wird die relevante Literatur herangezogen?
- Darstellung — Werden Theorien und Kontroversen korrekt referiert?
- Argumentation — Ist die Argumentation schlüssig und nachvollziehbar?
- Gliederung — Ist die Arbeit stimmig gegliedert, ein roter Faden erkennbar?

Standards
- Zitation — Wird korrekt und einheitlich zitiert?
- Literaturverzeichnis — Werden verwendete Quellen korrekt und vollständig und einheitlich angegeben?

Stil
- Verständlichkeit — Sind Satzbau und Wortwahl klar und verständlich?
- Korrektheit — Enthält der Text Rechtschreib- und Grammatikfehler?

Form
- Vollständigkeit — Enthält der Text alle geforderten Bestandteile (Deckblatt, Eigenständigkeitserklärung usw.)?
- Gestaltung — Werden Formatvorgaben (Seitenränder, Zeilenabstand usw.) eingehalten?

Die Visitenkarte Ihrer Arbeit: Titel

Der Titel ist die Visitenkarte Ihrer Arbeit. Wie eine Visitenkarte sollte er informativ sein und keine falschen Erwartungen wecken. Vom Titel sollte eindeutig auf den Inhalt geschlossen werden können. Ein Bewertungskriterium ist die Frage, ob die Ausführungen halten, was der Titel verspricht.

„Der Zweite Weltkrieg" – selbst eine Dissertation kann die Erwartungen nicht erfüllen, die mit einem solchen Titel verbunden werden. Deshalb haben viele Abschlussarbeiten und wissenschaftliche Veröffentlichungen oft sehr lange (und geschraubte) Untertitel: *Der Zweite Weltkrieg. Der Wandel der Stimmung in Deutschland in den letzten beiden Kriegsjahren. Ein Vergleich zwischen Großstadt und ländlicher Region. Die Beispiele Köln und Bergisches Land.*

Titel müssen nicht griffig sein, sondern aussagekräftig. Titel dürfen ein Aufmerksamkeitswecker sein, wenn der Untertitel präzise umreißt, worum es geht. Zwei Beispiele:

- „Moruk, Ischwör". Eine Untersuchung über Kiezdeutsch an fünf Schulen in Berlin-Kreuzberg.
- „Glücklich sein, heißt ohne Schrecken seiner selbst innewerden können." Eine Analyse der Empfehlungen für ein „gelungenes Leben" in der Zeitschrift *Psychologie heute* und dem Online-Magazin *Netzwerk Ethik heute*.

Im Zentrum: Hauptteil

Im *Hauptteil* wird die Fragestellung der Arbeit beantwortet. Seine Gliederung ist abhängig von der Fragestellung und dem Weg, der gewählt wurde, um sie zu beantworten.

Lösen Sie sich von dem, was für die *Erarbeitung* Ihres Themas wichtig war, aber für die *Darstellung* des Themas unwichtig ist. Stellen Sie das Wesentliche in den Mittelpunkt. Prüfen Sie jede Information, ob sie Ihre *Argumentation stützt*, den *Ertrag* Ihrer Arbeit *deutlich* macht und Ihre *Leistungen erkennbar* werden lässt.

Auch wenn es schwerfällt, sich von Formulierungen zu trennen, um die Sie hart gerungen haben: Meistens gewinnen Hausarbeiten, wenn sie gekürzt werden. Weniger ist oft mehr. In den Worten von Voltaire: „Alles sagen zu wollen, ist das Geheimnis der Langeweile."

Sie machen sich und den Leser*innen eine Freude, wenn Sie den einzelnen Kapiteln des Hauptteils Ihrer Arbeit eine Struktur geben. Es gibt bewährte Strukturen, die *Ihnen* helfen, Ihre Gedanken zu ordnen, Verbindungen und Zusammenhänge deutlich zu machen:

Kapitel-Anfang
- Was wurde bisher behandelt, gezeigt oder erreicht?
- Worum geht es nun?
- Welchen Bezug zur Fragestellung hat das Kapitel?
- Welche Bedeutung hat das Kapitel für die gesamte Arbeit?
- Welche Methode der Darstellung wird gewählt?
- Wie ist das Kapitel aufgebaut?

Kapitel-Ende
- Was wurde mit welchem Ergebnis gezeigt? (Zusammenfassung)
- Wie geht es weiter?

Diese Strukturelemente sind kein Zwangskorsett. Wenn Sie am Ende eines Kapitels skizzieren, wie es im nächsten Kapitel weitergeht, brauchen Sie im Folgenden nicht mehr den Bezug zum vorhergehenden Kapitel herzustellen. Es ist auch keineswegs zwingend, eine Vorschau über den Aufbau des Kapitels zu geben. Und bei einer Hausarbeit von zwölf Seiten genügt eine Zusammenfassung am Schluss der Arbeit. Auf den Übungseffekt kommt es in erster Linie an und darauf, Klarheit in einen Text zu bringen.

Wenn Sie sicher und routiniert im Umgang mit diesen Strukturen sind, sollten Sie freundlich zu Ihren Leserinnen sein: Sie haben die Struktur Ihrer Arbeit im Kopf, die Leser nicht. Sie haben viel Zeit in Ihre Arbeit investiert. Die Leser*innen wollen sich in entschieden kürzerer Zeit einen Eindruck von Ihrer Arbeit verschaffen. Eine *Kapitelvorschau* und eine *Zusammenfassung* helfen dabei und werten Ihre Arbeit auf.

Exkurs: Leseführung

Wenn Sie vier Wochen oder gar sechs Monate an einer Arbeit sitzen, kennen Sie sich in dieser Arbeit gut aus. Andere nicht. Deshalb sind Orientierungen für Leser*innen nützlich: Metaaussagen, die Argumentationslinien transparent machen, Kapitel und Gedankengänge verbinden.

Die Leseführung sollte wohldosiert sein: Wie ein Reiseleiter nervt, der zu viel redet, stören viele ausführliche Metatexte.

Verweise sollten kurz sein. Schreiben Sie zum Beispiel nicht: „Wie bereits ausführlich im vorangegangenen Kapitel erläutert, ist diese These in der Literatur umstritten." Sondern kürzer: „Diese These ist (vgl. S. 11) in der Literatur umstritten".

Sinnvoll sind orientierende Überleitungen. Zum Beispiel:

- „Um diese Frage zu beantworten, ist es notwendig …".
- „Worauf ist diese Entwicklung zurückzuführen?"

Verweise auf Erläuterungen in einem der folgenden Kapitel können das Leseinteresse aufrechterhalten und vermeiden, dass die Lesenden sich vorschnell ein Urteil über die Güte der Argumentation bilden:

- „Ausführlicher gehe ich auf diese These im dritten Kapitel ein."
- „Dieser Ansatz wird von Eribon verfolgt, dessen Konzept ich auf Seite 13 vorstelle."

Wenig hilfreich sind unpräzise Verweise wie „an anderer Stelle", „im Weiteren" oder „später".

Sollten Sie sich auch in Hausarbeiten um eine Leseführung bemühen, die nur von einer Person gelesen wird? Ja: Hausarbeiten sind Übungstexte, Mittel zum Zweck, wissenschaftliches Schreiben zu lernen. Wie man lernt, ein Thema einzugrenzen, sollte man sich damit vertraut machen, wie Leser*innen durch einen umfangreichen Text geführt werden können.

Und vielleicht schreiben Sie einmal Texte, die von vielen Menschen gelesen werden.

Fehler-Klassiker

In Hausarbeiten müssen die Daten und Fakten stimmen und die Darstellung von Sachverhalten bzw. Meinungen und deren Bewertung auseinandergehalten werden. Zudem sollte Ihre Arbeit frei von den folgenden Schwächen sein:

1) Das *Thema* wird als *selbstverständlich gesetzt*
   Erläutern Sie stets, um welches Problem, um welche Frage es geht.

2) Die *zentralen Begriffe* werden *vorausgesetzt*
   Die tragenden Begriffe müssen erläutert werden.

3) Die *Argumentation ist nicht schlüssig.*

4) *Behauptung ohne Begründungen oder Belege*
   Behauptungen müssen begründet und/oder belegt werden.

5) *Trivialbehauptungen*
   Alle wissen, dass „Erziehung ein schwieriger Prozess" und „Globalisierung ein komplexes Phänomen" ist. Das müssen Sie nicht mehr zu Papier bringen.

6) Die Arbeit ist *übergliedert* oder *untergliedert*
   In einer Hausarbeit kommen Sie mit 3 bis 5 Kapiteln aus, die in bis zu vier oder fünf Abschnitte untergliedert werden.

7) *Pathos*
   „Die Menschen (Gesellschaft) müssen (muss) begreifen …" „Es ist endlich an der Zeit, dass wir …" Bleiben Sie sachlich, vermeiden Sie Pathos und Plattitüden (vgl. Kapitel 2 und 18).

8) *Umgangssprache*
   Eine Hausarbeit ist kein Gespräch unter Freund*innen. Schreiben Sie – zum Beispiel – *woran* statt an was, *worüber* statt über was. Sie können den Sinn des Lebens *suchen,* Ihr Studium kann *sinnvoll sein* und der Sinn einer Hausarbeit mag sich Ihnen nicht *erschließen:* Sie *sehen* einfach keinen Sinn darin. Aber vermeiden Sie Sinn *machen*. Leisten Sie im Praktikum gute Arbeit, aber schreiben Sie nicht, Sie hätten einen guten *Job gemacht*. In Haus- und Abschlussarbeiten ist Schriftsprache gefordert (mehr dazu bei Franck 2022).

9) *Rechtschreib- und Grammatikfehler*
   Eine Häufung von *Rechtschreib- und Grammatikfehlern* führt dazu, dass nicht der Inhalt der Arbeit im Vordergrund steht, sondern Ihre Deutsch- oder Englischkenntnisse. Deshalb: sorgfältig Korrektur lesen.

So lassen sich diese Fehler vermeiden: Bitten Sie einen Freund, eine Freundin, Ihre Arbeit kritisch zu lesen.

Zusammenfassung

In Haus- oder Seminararbeiten sollen Sie nachweisen, dass Sie *Wissen anwenden,* ein Thema mit Hilfe vorliegender Erkenntnisse bearbeiten und strukturiert, schlüssig und verständlich *darstellen können*.

Worauf kommt es bei Bachelor- und Masterarbeiten an?

6

▶ *Ob Bachelor- oder Masterarbeit: Auf den Inhalt kommt es an.* Gleichwohl sollten Sie auf den Stil Ihrer Arbeit achten, auf die wissenschaftlichen Standards und die Anforderungen an die Form der Arbeit. Diese Aspekte fließen in die Bewertung der Arbeit ein.

Man mag darüber streiten, ob die Bachelorarbeit eine große Hausarbeit oder eine kleine Masterarbeit ist. Eine solche Debatte ist wenig sinnvoll, denn die Anforderungen an Abschlussarbeiten sind von Hochschule zu Hochschule und von Fach zu Fach sehr unterschiedlich. Hier wird zum Beispiel Wert gelegt auf Praxisorientierung, dort auf eine internationale Ausrichtung der „Bachelor Thesis". Die folgenden Hinweise ersetzen daher nicht das Gespräch mit den Betreuer*innen.

Bachelorarbeit: Eine Aufgabe selbstständig mit wissenschaftlichen Methoden lösen

Mit einer Bachelorarbeit zeigen Sie, dass Sie innerhalb einer vorgegebenen Frist eine *begrenzte Aufgabe* aus Ihren Studienfächern *selbstständig* mit *wissenschaftlichen Methoden* lösen können: Sie gehen – auf der Basis wissenschaftlicher Erkenntnisse – einer überschaubaren Frage nach. Dabei beziehen Sie Ihre Überlegungen in systematischer Form auf die Auffassungen anderer und stellen sie verständlich und überprüfbar dar (Merkblatt 2018; Hanisch und Team 2017; Bewertungskriterien 2015; Gemeinsames Positionspapier 2012; s. a. die Vielzahl der Bachelor-Leitfäden für unterschiedliche Fächer auf den Seiten der Universität Innsbruck: https://acesse.dev/s3kfg).

Innerhalb einer vorgegebenen Frist kann heißen: zwei, vier oder sechs Monaten.

© Der/die Autor(en), exklusiv lizenziert an
Springer Fachmedien Wiesbaden GmbH, ein Teil von Springer Nature 2024
N. Franck, *Schreiben im Studium*,
https://doi.org/10.1007/978-3-658-45377-0_7

Mehr über Bachelor- und Masterarbeiten

Abstract	Kapitel 16
Arbeitsprozess	Kapitel 3
Begriffe bestimmen	Kapitel 1
Einleitung	Kapitel 14
Exposé	Kapitel 4
Fragestellung	Kapitel 3 und 4
Gliederung	Kapitel 9
Inhaltsverzeichnis	Kapitel 17
Literaturüberblick	Kapitel 10
Referieren und kritisieren	Kapitel 11
Schluss	Kapitel 15
Themenwahl	Kapitel 7
Themeneingrenzung	Kapitel 8
Titel	Kapitel 5
Vorwort	Kapitel 14
Wissenschaftliche Standards	Kapitel 1
Wissenschaftlicher Stil	Kapitel 2 und 22
Zitieren und belegen	Kapitel 18 und 19

Der Umfang einer Bachelorarbeit variiert je nach Fach. In den Geistes-, Sozial- und Wirtschaftswissenschaften sind 60 Seiten ein Richtwert. In den MINT-Fächern und Jura ist ein geringerer Umfang die Regel.

Für Masterarbeiten sind 80 bis 120 Seiten ein Richtwert.

Masterarbeit: Neue Erkenntnisse über einen überschaubaren Gegenstand

Umberto Eco hat vier orientierende Kriterien formuliert, denen eine Abschlussarbeit genügen muss:

1. Gegenstand: Die Arbeit muss einen „erkennbaren Gegenstand" behandeln, „der so genau umrissen ist, daß er auch für Dritte erkennbar ist."

2. Aussagen: In der Arbeit müssen Aussagen über einen Gegenstand getroffen werden, „die noch nicht gesagt worden sind" oder bereits getroffene Aussagen "aus einem neuen Blickwinkel" betrachtet werden. Der Nachweis, dass die Erde keine Scheibe ist, wäre keine wissenschaftliche Arbeit, denn sie würde bereits vorhandenem Wissen nichts hinzufügen. Wenn es, so Eco, noch keine Arbeit gibt, in der alle Methoden zum Bau einer Hundehütte verglichen und kritisch gewürdigt werden, dann könnte eine solche Arbeit „einen bescheidenen Anspruch auf Wissenschaftlichkeit erheben." *Hundehütte* ist ein Platzhalter. Er kann ersetzt werden durch *Konzepte zur Vermittlung von Medienkompetenz*, durch *Lerntheorien* oder *Untersuchungen über neue Entwicklungen im autoritären Kapitalismus*.

3. Nutzen: Die Arbeit muss „für andere von Nutzen" sein. Die *Anderen* müssen nicht *Viele* sein. Eine Masterarbeit über die *ersten professionellen Fotografinnen Österreichs* wird nicht die Welt aufhorchen lassen. Für Wissenschaftler*innen, die sich mit *Fotografiegeschichte* beschäftigen, sollte diese Arbeit neue Erkenntnisse enthalten.

4. Überprüfbarkeit: Die Arbeit muss Angaben enthalten, die es anderen ermöglichen nachzuprüfen, ob die Hypothese, die Voraussetzungen und Schlussfolgerungen richtig oder falsch sind (2020, 40–44).

Um sicherzugehen, dass die Kriterien 2 und 3 erfüllt werden, muss in einer Masterarbeit die vorliegende (internationale) Forschung rezipiert werden: Wer nicht weiß, was andere bereits gedacht und herausgefunden haben, kann nicht entscheiden, ob er oder sie einen neuen Gedanken verfolgt, zu einer neuen Sichtweise oder Erkenntnis gelangt ist.

Die Literatur umfassend berücksichtigen heißt nicht: sie lang und breit darstellen, sondern sie zu kennen, um begründet neue Fragen stellen zu können oder nach abweichenden Antworten zu suchen (siehe auch Kapitel 10).

Bachelor- und Masterarbeit: Bewertungskriterien

Aus der folgenden Übersicht wird deutlich, dass es vor allem auf den Inhalt einer Arbeit ankommt. Beachten Sie gleichwohl auch die übrigen Bewertungskriterien – und bedenken Sie, dass es in jeder Arbeit darauf ankommt, *Ihre* Leistung deutlich zu machen (siehe auch Kapitel 13).

Inhalt
Einleitung
- Wird die theoretische oder praktische Relevanz des Themas deutlich?
- Wird die Fragestellung nachvollziehbar abgeleitet und präzise formuliert?

- Wird das Ziel der Arbeit klar bestimmt und die Struktur der Arbeit schlüssig erläutert?
- Werden die zentralen Begriffe überzeugend bestimmt?

Theorie/Forschungsstand/Methode
- Wird der Forschungsstand angemessen dargestellt und bewertet?
- Werden die für die Fragestellung relevanten Theorien adäquat referiert und bewertet?

Empirische Arbeiten
- Ist die Fragestellung (Hypothese) so formuliert, dass sie beantwortbar ist?
- Wird die Methodenauswahl begründet?
- Sind die gewählte Methode und die Stichprobe geeignet, zuverlässige Ergebnisse zu erzielen?
- Werden die Datenerhebung und die Datenauswertung ausreichend beschrieben?

Theorie- und Quellenarbeiten
- Werden alle relevanten Theorien bzw. Quellen herangezogen und korrekt wiedergegeben? Wird dabei der Bezug zur Fragestellung und Zielsetzung deutlich?
- Werden Gemeinsamkeiten und Differenzen, Reichweite und Erklärungswert, Widersprüche und Schwächen mit Blick auf die Fragestellung der Arbeit zutreffend kritisch herausgestellt?

Ergebnisse/Diskussion
- Werden alle Quellen oder Daten ausgewertet?
- Werden die Ergebnisse präzise benannt und auf die Frage- und Zielstellung oder Hypothese bezogen?
- Wird der Geltungsbereich der erhobenen Daten erläutert und werden die Grenzen der Methode genannt?
- Wird – bei Masterarbeiten – der Neuigkeitsgehalt der Ergebnisse deutlich gemacht?
- Wird die praktische oder theoretische Bedeutung der Ergebnisse herausgestellt?

Fazit
- Wird aus den Ergebnissen schlüssig abgeleitet, in welche Richtung „Further Research" gehen sollte?
- Werden mögliche praktische Konsequenzen schlüssig aus den Ergebnissen abgeleitet?

Standards
- Wird korrekt und einheitlich zitiert?

- Werden die verwendeten Quellen korrekt, vollständig und einheitlich angegeben?

Stil
- Sind Satzbau und Wortwahl klar und verständlich?
- Ist der Text frei von Rechtschreib- und Grammatikfehlern?

Form
- Enthält der Text alle geforderten Bestandteile (Deckblatt, Abstract, Eigenständigkeitserklärung usw.)?
- Werden Formatvorgaben (Seitenränder, Zeilenabstand usw.) eingehalten?[29]
- Wenn ein Richtwert für den Umfang vorgegeben ist: Wird dieser Richtwert beachtet?

Bachelor- und Masterarbeit: Wichtiges in den Text, Unwichtiges in den Papierkorb

In Ihrer Abschlussarbeit sollte zu lesen sein, was für die Erklärung eines Gegenstands wichtig und für das Verständnis eines Sachverhalts notwendig ist. Das reicht. Mehr ist nicht erforderlich und in den meisten Fällen auch nicht sinnvoll. Nebensächlichkeiten gehören nicht in eine Arbeit – auch nicht in Anmerkungen. Gehen Sie sparsam mit diesem Mittel um. Anmerkungen sollten, rät Adolf Harnack, ein „Schatzhaus" sein und keine „Rumpelkammer". Weiter heißt es in dem über hundert Jahre alten Text:

- „Schreibe keine Anmerkung, weil du in der Darstellung etwas vergessen hast; schreibe überhaupt die Anmerkungen nicht nachträglich."
- „Schreibe nichts in die Anmerkung, was den Text in Frage stellt, und auch nichts hinein, was wichtiger ist als der Text."
- „Betrachte die Anmerkungen nicht als Katakomben, in denen du deine Voruntersuchungen beisetzest, sondern entschließe dich zur Feuerbestattung." (1911, 162)

---

29 Nützliche Vorlagen zur Gestaltung von Abschlussarbeiten mit Word finden Sie hier: https://www.hdm-stuttgart.de/~riekert/theses/index.html#dokumentvorlage
Wenn Sie in Physik, Informatik oder Mathematik LaTeX nutzen, sind folgende Anleitung hilfreich: https://www.ub.uni-stuttgart.de/ubs/downloads/weitere-downloads/latex/handout-latex.pdf und https://tobi.oetiker.ch/lshort/lshort.pdf

Anmerkungen können ein „Schatzhaus" sein, wenn sie sinnvoll genutzt werden. Fußnoten sind der richtige Ort für

- den Beleg von Zitaten,
- Hinweise auf weiterführende Literatur,
- die Übersetzung einer Textstelle, die in der Originalsprache zitiert wurde,
- Informationen, die zwar nicht direkt zum Thema gehören, aber für die Leserinnen und Leser nützlich sein können.

Adorno riet, im zweiten Kapitel habe ich es bereits erwähnt, beim Streichen nicht kleinlich zu sein. (1945, 95)
Wer imponieren möchte, sollte dies durch eine präzise Argumentation tun. Eine Vielzahl von Anmerkungen demonstriert in der Regel nicht „Wissenschaftlichkeit", sondern die Unfähigkeit, sich auf das Wesentliche zu konzentrieren.

Bachelor- und Masterarbeit: Fehler-Klassiker

Vor allem die folgenden Schwächen sind in Bachelor- und Masterarbeiten – in unterschiedlicher Häufigkeit – anzutreffen:[30]

1) Unklare Forschungsfrage oder Zielsetzung
2) Die Schwerpunktsetzung wird nicht begründet und eingeordnet.
3) Die Methode bzw. Vorgehensweise wird nicht erläutert und begründet.
4) Es fehlen Angaben zur Materialauswahl bzw. Quellenlage.
5) Die aktuelle Literatur wird nicht berücksichtigt.
6) Die Auseinandersetzung mit den herangezogenen Quellen ist unkritisch oder nicht objektiv.
7) Die Literatur wird nicht in die eigene Argumentation eingearbeitet, sondern nacheinander referiert.
8) Mangelnde Stringenz der Argumentation.
9) Die Autorin setzt sich nicht ausreichend mit den Ergebnissen ihrer Arbeit auseinander: Der Autor zieht keine Schlussfolgerungen und ordnet die Ergebnisse nicht in die wissenschaftliche Diskussion ein.
10) Umgangssprache und Stilmischung.

Klarheit über die Anforderungen hilft, diese Mängel zu vermeiden. Reden auch. Mit dem oder der Betreuer*in. Sie werden auch für diese Arbeit bezahlt.

---

30 Siehe auch das Interview mit zwei Prüferinnen (Abdurahmanovic/Hirschberg 2021).

> **Zusammenfassung**
>
> Mit einer Bachelorarbeit beweisen Sie, dass Sie eine begrenzte Aufgabe aus Ihren Studienfächern selbstständig mit wissenschaftlichen Methoden lösen können.
>
> In einer Masterarbeit kommen Sie zu neuen Erkenntnissen über einen Gegenstand.
>
> Ob Bachelor- oder Masterarbeit: Achten Sie darauf, Ihre Leistung deutlich zu machen.

Worauf sollte ich bei der Themenwahl achten?

7

▸ *Wer die Wahl hat, hat Entscheidungsfreiheit.* Die sollten Sie nutzen, wenn es darum geht, zu entscheiden, worüber Sie schreiben wollen.

Spannende Themen gibt es zuhauf. Worauf sollten Sie achten, wenn Sie bei Hausarbeiten freie Wahl haben und worauf bei Abschlussarbeiten?

Eine gute Themenwahl: Die Hausarbeit ist interessant, nützlich und machbar

Wenn Sie die Themen-Wahl haben, sollten Sie drei Entscheidungskriterien beachten:

1) Wählen Sie ein Thema, das Sie *interessiert*. Interesse setzt Energie frei und hilft, Durststrecken zu überwinden.
2) Treffen Sie *pragmatische* Entscheidungen: Wählen Sie Themen, deren Bearbeitung für das weitere Studium nützlich ist; wobei die Methoden, die Sie anwenden, möglicherweise wichtiger sind als das Thema selbst. Entscheiden Sie sich für Themen, die es Ihnen ermöglichen, Bezüge zu den Themen herzustellen, mit denen Sie sich bereits beschäftigt haben.
3) Wählen Sie Themen, die *überschaubar* sind: *Small is beautiful.* Wer mit einer Materie noch nicht vertraut ist, neigt dazu, ein Thema zu weit zu fassen. Ein Seminar über das *Epische Theater* oder *Ernährungssicherheit* kann einen Eindruck vermitteln, worum es Brecht ging und was man über Mahlzeitenpolitik wissen sollte. Soll eine Hausarbeit geschrieben werden, muss aus *Ernährungssicherheit* ein kleineres Thema gemacht werden, das überschaubar und

bearbeitbar ist – zum Beispiel eine Auswertung von Studien über die Effektivität von Mikrokrediten zur Förderung der Landwirtschaft in den Ländern des Globalen Südens (mehr zur Eingrenzung von Themen im achten Kapitel).

Wie kommt man zu einem *interessanten* Thema? Wie macht man aus einem vorgegebenen Thema „mein" Thema? Das Patentmittel sind Fragen.[31]

Fragen dürfen und sollen subjektiv sein, wenn es darum geht, sich Klarheit über die Motivation zu verschaffen, ein Thema zu bearbeiten.

Bleiben wir beim Thema Ernährung: Was *irritiert* mich? Dass

- „Glaubenskriege" über „richtiges Essen" ausgefochten werden können;
- es ein paar (US-amerikanischen) Ketten gelang, europaweit Geschmack zu normieren;
- die Haute Cuisine eine Männerdomäne ist;
- Menschen problemlos vereinbaren, mit einem 3-Liter-SUV zum Bio-Supermarkt zu fahren.
- die Deutschen eher beim Lebensmitteleinkauf als beim Tanken sparen;
- die Kosten der falschen Ernährung für die Allgemeinheit in keinem Verhältnis stehen zu den Ausgaben für Ernährungsberatung;
- mit der Abnehmspritze Milliarden verdient werden können;
- auch ein grüner Agrarminister vor der Agrarlobby einknickt.

Was *fasziniert* mich?

- Der Wandel von Tischsitten.
- Dass junge Frauen nicht mehr in Scharen unter die Fahne der Haushaltspflichten eilen und Kochen lernen.
- Die Frage nach dem Platz des Kochens in einer Suffizienz-Strategie.
- Die vielen Projekte von Frauen gegen Hungersnot in Afrika und Asien.

Was finde ich *spannend?*

- Die Frage, ob strategischer Konsum das Marktgeschehen signifikant verändern kann.
- Der Einfluss von Starköchen wie Jamie Oliver und Tim Mälzer auf die Essgewohnheiten.

---

31 Siehe auch Kapitel 3 und die Empfehlungen des Centers for Teaching and Learning der Universität Wien: https://lmy.de/Viqe

- In Deutschland liegen die Ausgaben für Ernährung bei 12 Prozent. Spanierinnen geben um die Hälfte, Franzosen um ein Drittel mehr für Essen aus. – Ernährung ist nicht nur eine Frage des Geldes.
- Der mögliche Zusammenhang zwischen Klima, Landwirtschaft und Esskultur.

Mehr als ein Dutzend Hausarbeitsthemen! Die weiter aufgeschlüsselt werden müssten, um sie so bearbeiten zu können, dass das Ergebnis Hand und Fuß hat.

Wenn das Thema vorgegeben wird: Checkliste Hausarbeit

Wenn Sie im Seminar ein Thema für eine Hausarbeit bekommen, sollten Sie nicht ohne genaue Vorstellungen über das, was von Ihnen verlangt wird, nach Hause gehen. Sollen Sie beschreiben, erklären, prognostizieren, beweisen? Ich spiele diese Möglichkeiten einmal durch. Soll(en) in erster Linie

- konkrete Sozialisationsprozesse beschrieben werden?
- erklärt werden, welche Faktoren den Sozialisationsprozess maßgeblich beeinflussen?
- prognostiziert werden, welche Sozialisationsergebnisse zu erwarten sind, wenn bestimmte Sozialisationsbedingungen verändert werden?
- bewiesen werden, dass die meisten Sozialisationstheorien auf einem mechanistischen Menschenbild aufbauen?
- Handlungsanleitungen gegeben werden, wie ein positives Sozialverhalten in der Schule gefördert werden kann?

Schließlich sollten Sie wissen, nach welchen Kriterien Ihre Arbeit beurteilt wird.
Die Checkliste auf der nächsten Seite ist eine Hilfestellung. Kopieren Sie diese Seite und nehmen Sie sie mit ins Seminar, wenn Hausarbeiten vergeben werden. Es ist keine Zumutung, wenn Sie von Lehrenden eine klare Antwort auf die Fragen haben wollen, die in der Checkliste aufgeführt sind.

Checkliste Hausarbeit

Wie lautet das Thema der Arbeit exakt?

___

Welchen Umfang soll die Arbeit haben?

___

Was wird in erster Linie erwartet? Sollen Sie referieren und/oder interpretieren, analysieren, vergleichen bzw. einen Überblick geben?

___

Welche Aspekte sollen angesprochen werden? Sollen Sie eigenständig Schwerpunkte setzen und Eingrenzungen vornehmen?

___

Wie ordnet sich das Thema in das Seminar ein?

___

Welche Literatur ist auf jeden Fall zu berücksichtigen?

___

Wird von Ihnen eine ergänzende Literaturrecherche erwartet oder reicht die angegebene Literatur aus?

___

Wenn's zu Ende geht: Themenwahl bei der Abschlussarbeit

Die Welt ist noch immer voller Rätsel. Deshalb gibt es noch immer viele spannende und relevante Themen für Bachelor- und Masterarbeiten oder Dissertationen – von Artenschutz bis Zukunftsfähigkeit. Worauf ist bei der Themenwahl bei einer Abschlussarbeit zu achten?

Wie bei einer Hausarbeit ist das *Interesse* am Thema ein wichtiges Entscheidungskriterium. Und es geht um die Frage, was Ihnen wichtiger ist: Soll es ein Thema sein, das Sie interessiert, aber vielleicht viel Arbeit erfordert? Oder ist Ihnen wichtiger, die Arbeit schnell „über die Bühne zu bringen"?

Zudem sollten die folgenden drei Gesichtspunkte abgewogen werden:

1. Voraussetzungen: Vor einer teuren Anschaffung überlegen Sie länger als vor dem Kauf eines T-Shirts im Sommerschlussverkauf. Und Sie überlegen, kann ich dieses Möbelstück selbst aufbauen oder diesen PC selbst einrichten? Ähnlich sollten Sie sich bei der Wahl eines Themas verhalten, das Sie lange Zeit beschäftigen wird. Ist das Thema das richtige Thema für mich? Beherrsche ich die Methoden und Auswertungsverfahren, die zu seiner Bearbeitung notwendig sind? Habe ich die erforderlichen technischen Hilfsmittel? Bekomme ich Forschungsreisen bezahlt? Finde ich die Quellen, die ich zur Beantwortung meiner Fragestellung brauche? Und kann ich Sie lesen? Kann ich zum Beispiel Mittelhochdeutsch? Bereitet mir Sütterlinschrift keine Schwierigkeiten?

2. Karriere: Wird das Thema in der Scientific Community als relevant wahrgenommen? Das ist ein wichtiger Gesichtspunkt, wenn Sie an der Hochschule bleiben wollen.

Wenn Sie Rechnungsprüfer oder Anlageberaterin werden wollen, in einem Pharmakonzern forschen oder in einer Bank Karriere machen wollen, dann ist eine Arbeit mit einschlägigem Praxisbezug ein Karrierebillett.

3. Betreuung: Abschlussarbeiten kosten Lebenszeit. Die sollte gut betreut werden. Deshalb gilt es zu prüfen: Passt der Betreuer zu meinem Thema? (Oder passt das Thema, das er mir vorschlägt, zu mir?) Komme ich mit der Betreuerin aus? Wenn nein: Lohnt es, die Zähne zusammenzubeißen, weil ihr Renommee karriereförderlich sein könnte? Nimmt sich der Betreuer genügend Zeit für mich?

Zusammenfassung

Wenn Sie wählen können, worüber Sie eine Haus- oder Abschlussarbeit schreiben, gilt es zu prüfen: Interessiert mich das Thema? Ist seine Bearbeitung für das weitere Studium bzw. meine berufliche Karriere nützlich? Ist das Thema in der vorgegebenen Zeit zu bearbeiten? Habe ich die notwendigen fachlich-methodischen Voraussetzungen?

Wie grenze ich ein Thema ein? 8

▶ *Eine Arbeit braucht klare Grenzen.* Fassen Sie ein Thema nicht so weit, dass es nur oberflächlich behandelt werden kann. Unter mindestens zehn Gesichtspunkten lassen sich Themen eingrenzen.

Ob Haus- oder Bachelorarbeit, ob Masterarbeit oder Dissertation: Sie müssen stets die Voraussetzungen dafür schaffen, dass Sie die Arbeit schreiben, die Sie schreiben *können*. Stehen Ihnen zum Beispiel die erforderlichen Quellen und Daten zur Verfügung? Liegt die Literatur in den Sprachen vor, die Sie beherrschen? Können Sie mit den Methoden und Verfahren umgehen, die notwendig sind, um eine runde Arbeit zu schreiben? Kurz: Grenzen Sie Ihr Thema so ein, dass Sie es mit Gewinn bearbeiten können. Manche Arbeit misslingt „auf eine dramatische Weise", wenn diese Empfehlung nicht beherzigt wird (Eco 2020, 14).

Eingrenzen können Sie unter zehn Gesichtspunkten.

Von A bis Z: Kriterien für die Eingrenzung einer Arbeit

Nach *ausgewählten Aspekten:*
- Schule als bürokratisches System,
- Aufsichtsräte als Männerwelt.
- Das Krankenhaus als Wirtschaftsbetrieb.

Geografisch:
- in Westeuropa
- im angelsächsischen Kulturraum

- in der Sahelzone
- in den Ländern des globalen Südens

Nach *Institutionen:*
- in Strafanstalten
- in Kommunalparlamenten
- in Hochschulen

Nach *Personengruppen:*
- Frauen, Männer
- Student*innen
- Arbeitslose
- Abgeordnete

Nach *Quellen:*
- Öffentlichkeitsarbeit der CDU auf Instagram
- Geschlechterrollen in US-amerikanischen Comics
- Kriegsalltag in Feldpostbriefen

Nach *Personen:*
- Das Motiv der Todessehnsucht in den Werken von …
- Kulturkritik in den Romanen von …
- Ämterhäufung in der Politik. Das Beispiel Stephan Weil

Nach *Disziplingesichtspunkten:*
- soziologische Anmerkungen zur Einsamkeit im 21. Jahrhundert
- eine feministische Analyse deutscher Krimiserien
- medienrechtliche Aspekte der KI

Nach *Theorieansätzen, Erklärungskonzepten:*
- eine feministische Analyse
- eine qualitative Untersuchung
- eine Wirkungsanalyse der Gesundheitserziehung

Im Anschluss an *Vertreter*innen eines Theorie- oder Erklärungsansatzes:*
- eine Analyse in Anlehnung an Bourdieu
- eine Interpretation frühkindlicher Lernprozesse im Anschluss an Holzkamp

Zeitlich:
- von ... bis
- im ... Jahrhundert
- in der Renaissance
- im Nachkriegsdeutschland
- in den Sechzigerjahren

Eingrenzungen kombinieren und begründen

Häufig sind Kombinationen solcher Eingrenzungen erforderlich. Drei Beispiele:

- Der Einfluss der Agrarlobby auf die Landwirtschaftspolitik in *Brandenburg* in der *7. Legislaturperiode (2019–2024)*
- Kinder als Zielgruppe der *Fernsehwerbung* für *Milchprodukte* in den *Neunzigerjahren.*
- Die Umweltpolitik der CDU-*Bundestagsfraktion vor 1986.*

Eingrenzungen müssen Sie in der Einleitung begründen. Im letzten Beispiel ist die Fokussierung auf die Fraktion und die zeitliche Eingrenzung begründungspflichtig.[32]

Ein misslungener Begründungsversuch aus einer Hausarbeit:

> „Das Thema Wissenschaftstheorie ist ein weites Feld. Daher wird in dieser Arbeit auf die nähere Analyse verschiedener wissenschaftstheoretischer Ansätze verzichtet."

Das *weite Feld* hätte der Autor besser Fontane („Das ist ein weites Feld, liebe Effi" [Briest]) überlassen und sich um die Logik gekümmert: Dass etwas komplex ist, ist kein Grund, auf eine nähere Analyse zu verzichten.

Ein gelungenes Beispiel aus einer Studie über die gesellschaftliche Entwicklung Westeuropas zwischen 1970 und 2000:

> Warum habe ich „Großbritannien, Frankreich und die Bundesrepublik für meine Studie ausgewählt – und nicht zum Beispiel Spanien, Italien oder die Niederlande? [...] Es handelt sich um die drei größten Volkswirtschaften Westeuropas, die auf sehr unterschiedlichen Wegen zu Industriegesellschaften geworden waren; sie waren im Untersuchungszeitraum Mitgliedsländer der Europäischen Union und integrierten ihre

---

32 In diesem Jahr übernahm der erste (CDU-)Umweltminister sein Amt. Untersucht werden soll die Umweltpolitik vor der bundesweiten staatlichen Institutionalisierung.

Volkswirtschaften in den europäischen Binnenmarkt; außerdem bieten sie ein breites Spektrum einerseits nationalspezifischer Eigenheiten, andererseits typischer Optionen in der politischen und sozialen Ausgestaltung der Umbruchphase, so dass ich auf eine Fülle empirischen Materials zurückgreifen konnte, um das Wechselspiel zwischen nationalen Pfadabhängigkeiten und Prozessen der Europäisierung und der Internationalisierung zu analysieren." (Raphael 2019, 17 f.)

Sie sollten zudem – und müssen in einer Abschlussarbeit – in der Einleitung deutlichen machen, worauf Sie nicht eingehen und welche Zusammenhänge bestehen zwischen dem Themen-Ausschnitt, den Sie behandeln und dem Themen-Ganzen. (Siehe auch Kapitel 14)

Noch einmal Umberto Eco: „Es ist besser, eine Sammlung von Fußball-Bildchen von 1960 bis 1970 zu machen als ein unseriöses Museum." (2020, 12)

Zusammenfassung

Schreiben Sie die Arbeit, die Sie schreiben können. Die Eingrenzung eines Themas schafft dafür die Voraussetzung. Eingrenzungen müssen inhaltlich begründet werden (können).

Wie gliedere ich gekonnt? 9

▶ *Gliederungen müssen schlüssig und übersichtlich sein.* Vom Gegenstand einer Arbeit hängt es ab, wie sinnvoll zu gliedern ist.

Die optimale Struktur für Ihre Arbeit finden Sie nicht auf Anhieb. Gestatten Sie sich deshalb mehrere Anläufe, um verzweigte komplexe Sachverhalte in eine lineare Struktur zu bringen. Eine Gliederung ist dafür Voraussetzung – und Ergebnis.

Voraussetzung: Sie müssen den Bereich abstecken, der in einer Arbeit behandelt werden soll. Mit einer *vorläufigen* Gliederung schaffen Sie einen Bezugspunkt für die Auseinandersetzung mit der Literatur. Mit einer vorläufigen Gliederung haben Sie einen Ausgangspunkt, um eine Rohfassung zu schreiben, in der das erarbeitete Wissen über ein Thema und eigene Überlegungen einzelnen Gliederungspunkten zugeordnet werden.

Im Prozess des Schreibens wird sich die Gliederung verändern. Das ist kein Problem, sondern die Regel. Entscheidend ist: *Sie* verändern die *eigene* Gliederung, arbeiten also an der eigenen Arbeit. Wer sich ohne Gliederung ans Schreiben macht, startet zu früh und kommt nicht oder nur über große Umwege ans Ziel (siehe auch Kapitel 12).

Gliederungsgesichtspunkte

Die Grobstruktur einer wissenschaftlichen Arbeit besteht aus den drei Teilen Einleitung (siehe Kapitel 14), Hauptteil (siehe Kapitel 5) und Schluss (siehe Kapitel 15). Es gibt viele Möglichkeiten, den Hauptteil zu gliedern – zum Beispiel:

- nach *zentralen Merkmalen* (interne und externe Faktoren oder: Geschichte, Ziele, Aufbau und Organisation),
- *historisch, chronologisch,*
- nach *Struktur* und *Funktionen* (Erziehung, Bildung, Weiterbildung)
- nach *Funktionsbereichen* (Einkauf, Produktion, Vertrieb),
- *geografisch,*
- nach *Theorien und Konzepten.*

Empirische und experimentelle Arbeiten haben in der Regel die Grundstruktur wie in Abbildung 3 dargestellt.

Abbildung 3   Aufbau empirischer Untersuchungen (eigene Darstellung)

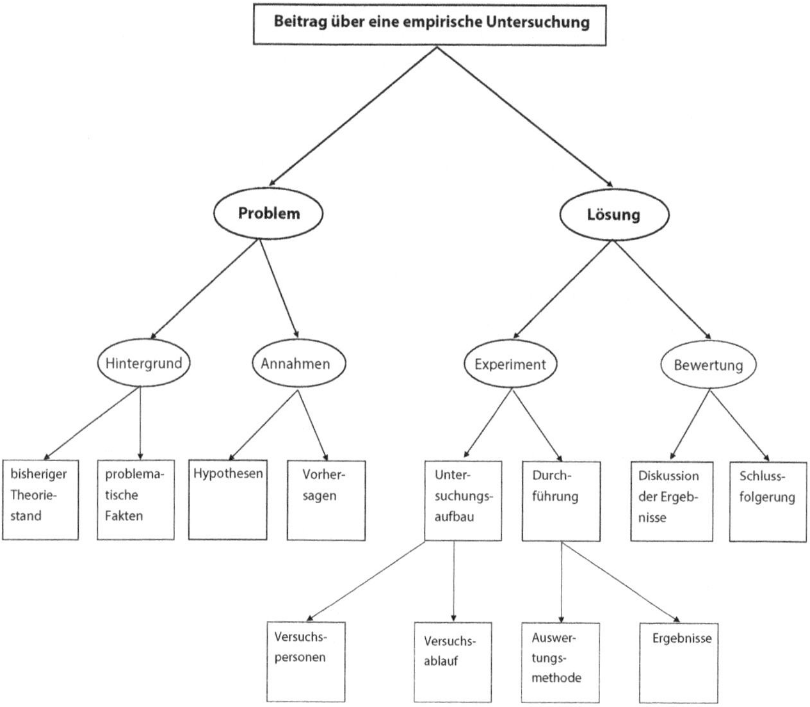

```
                    Beitrag über eine empirische Untersuchung
                              /              \
                        Problem              Lösung
                       /       \            /       \
                Hintergrund  Annahmen  Experiment  Bewertung
```

| bisheriger Theoriestand | problematische Fakten | Hypothesen | Vorhersagen | Untersuchungsaufbau | Durchführung | Diskussion der Ergebnisse | Schlussfolgerung |

| | | | | Versuchspersonen | Versuchsablauf | Auswertungsmethode | Ergebnisse |

In der *Einleitung* wird das *Problem* dargestellt: Worin besteht seine Relevanz? Wie ist der Stand der Forschung?

Das Problem kann zum Beispiel darin bestehen, dass Untersuchungen über ein bestimmtes Phänomen zu widersprüchlichen Ergebnissen kommen und deshalb keine wissenschaftlich gesicherten Handlungsempfehlungen formuliert werden können.

Im *Methodenkapitel* wird erläutert, wie die Wissenslücke geschlossen werden soll.

Es folgt die *Darstellung der Ergebnisse.* Und schließlich die *Diskussion der Ergebnisse:* Ist das Ergebnis übertragbar? Wurde die Forschungslücke geschlossen. Ist weitere Forschung notwendig? Wenn ja, was ist dabei zu beachten? Ein Beispiel – das Inhaltsverzeichnis einer Masterarbeit in Life Science über die Grenzen der Süßwassernutzung und Biodiversität:

„…
2 The Concept of Planetary Boundaries
3 Environmental Flow Requirements
4 Methods and Data
5 Results
6 Discussion
7 Conclusion
…"

Anforderungen an eine Gliederung

Als *Ergebnis* ist eine Gliederung die Grundlage für das *Inhaltsverzeichnis* (siehe Kapitel 17). Die endgültige Gliederung muss schlüssig und übersichtlich sein.

Schlüssig: Die Gliederungsziffern müssen die Beziehungen, die Über- und Unterordnungen zwischen den einzelnen Themenaspekten angemessen zum Ausdruck bringen. Sind *Funktionsbereiche* das Gliederungsprinzip, müssen zum Beispiel Einkauf, Produktion, Vertrieb in der Gliederung auf der gleichen Ebene zu finden sein. Gliedert man eine Arbeit über Medien nach den Kriterien *Struktur* und *Funktion,* werden alle behandelten Medien nach diesen Kriterien gegliedert: das Kapitel über Printmedien ebenso wie das über die elektronischen und die digitalen Medien.

Übersichtlich wird eine Gliederung, wenn die folgenden vier Gesichtspunkte beachtet werden:

1) Das Gliederungsprinzip, für das man sich entschieden hat, wird konsequent durchgehalten.
2) Die Gliederung ist ausgewogen: relativ gleichmäßig unterteilt.

3) Jeder Gliederungspunkt muss mindestens zwei Unterpunkte haben. Nur ein Unterpunkt zu einem Kapitel oder Abschnitt ergibt keinen Sinn. „Wer A sagt, muss auch B sagen". Für Gliederungen gilt diese ansonsten fragwürdige Maxime.
4) Maximal acht Unterpunkte pro Gliederungspunkt, damit die Gliederung übersichtlich bleibt.

Gelingt es nicht, diesen Anforderungen – annähernd – zu entsprechen, ist das ein Hinweis darauf, dass an der Struktur der Arbeit noch gefeilt werden muss.

Der Auszug aus dem Inhaltsverzeichnis einer Abschlussarbeit über „Geschlechterpolitik im europäischen Integrationsprozess" auf der nächsten Seite ist ein Beispiel für eine gelungene Gliederung: Das gewählte Gliederungsprinzip wird konsequent durchgehalten. Die Gliederung ist ausgewogen, das heißt relativ gleichmäßig unterteilt und mit acht Unterpunkten noch übersichtlich.

Zusammenfassung

Die Gliederung einer Arbeit ist dann gelungen, wenn die Gliederungsziffern die Beziehungen zwischen den einzelnen Themenaspekten angemessen zum Ausdruck bringen und wenn das gewählte Gliederungsprinzip konsequent durchgehalten und ausgewogen gegliedert wird.

Inhaltsverzeichnis

1 Einleitung

2 Wohlfahrtsstaatliche Geschlechterregime
2.1 Die theoriegeleitete Klassifizierung wohlfahrtsstaatlicher Geschlechterregime
2.2 Das Geschlechterregime in Schweden
2.2.1 Familienstruktur
2.2.2 Einkommenssituation
2.2.3 Das System der sozialen Sicherung
2.2.3.1 Berechtigung zu Sozialleistungen
2.2.3.2 Sozialausgaben und Sozialleistung
2.2.3.3 Alterssicherung und Altenbetreuung
2.2.3.4 Mutterschafts- und Familienleistungen
2.2.4 Arbeitsmarkt
2.2.4.1 Dienstleistungssektor
2.2.4.2 Arbeitszeit
2.2.4.3 Arbeitslosigkeit
2.2.4.4 Arbeitslosengeld und Arbeitslosenhilfe
2.2.5 Steuersystem
2.2.6 Politische Partizipation
2.2.7 Bildung
2.2.8 Kinderbetreuung
2.3 Das Geschlechterregime in der Bundesrepublik Deutschland
2.3.1 Familienstruktur
2.3.2 Einkommenssituation
2.2.3.3 Das System der sozialen Sicherung
2.3.3.1 Berechtigung zu Sozialleistungen
2.3.3.2 Sozialausgaben und Sozialleistung
(...)

3 Die Gleichstellungspolitik der Europäischen Gemeinschaft und der Europäischen Union
3.1 Die Phase 1957 bis 1972: Lohngleichheit nach 119 EWGV
(...)

10 Worauf kommt es bei einem Literaturüberblick an?

▸ *Dieses Kapitel können Sie überspringen, wenn Sie Studienanfänger*in sind.* Es geht um Textformen, die ein gerütteltes Maß an Fachwissen und Methodenkompetenz voraussetzen: Literaturüberblick und systematisches Review.

Eine Literaturübersicht fasst den Stand des Wissens bzw. der Diskussion über ein bestimmtes Themengebiet *kriteriengeleitet und strukturiert* zusammen. Es wird also nicht nacheinander der Inhalt verschiedener Quellen referiert.

Die Literaturübersicht kann eine eigenständige Arbeit sein. Für diese Gattung Text hat sich der Terminus *systematisches Review* eingebürgert.

Systematische Reviews haben vor allem in den Wissenschaften einen hohen Stellenwert, in denen empirisch geforscht wird. In einigen Disziplinen, zum Beispiel der Medizin, sind deshalb auch Meta-Reviews keine Seltenheit, Reviews über Reviews.[33]

Systematische Reviews können Gegenstand einer Bachelor- oder Masterarbeit sein (vgl. zum Beispiel *Gliederung* 2018 und Prexl 2016).

Von Seminararbeiten wird nicht verlangt, das vorhandene Wissen über ein bestimmtes Themengebiet zusammenzufassen und zu bewerten. Möglich ist die Anforderung, eine Übersicht über eine überschaubare Zahl von Quellen zu geben.

---

33 S. a. das Onlinejournal *Systematic Reviews:* https://systematicreviewsjournal.biomedcentral.com/

Hapcke hat 2015 ein Review über Anleitungen zum Verfassen von systematischen Reviews veröffentlicht. (siehe auch Hapcke 2015a). Zahlreiche Links und Literaturhinweise zum Schreiben systematischer Reviews finden Sie auf den Seiten der University of Bradford: https://rl.talis.com/3/bradford/lists/6A0B6C82-D5E6-2DD9-76FA-EDA76697BDEE.html

Systematisches Review: Aufbau und Anforderungen

Systematische Reviews können wie eine empirische Arbeit gegliedert werden. Im Mittelpunkt stehen Theorie und Methode, Ergebnisse und Diskussion.

Theorie
Es bedarf einer präzisen Fragestellung, um die vorhandene Literatur zu einem Themenfeld strukturieren zu können. Die Fragestellung wird auf der Basis theoriegestützter Überlegungen formuliert. Sie müssen also schon etwas wissen, um zu wissen, was sie wissen wollen (siehe auch Kapitel 3 zu diesem scheinbaren Paradox). Die Fragestellung gibt dem Review Struktur und leitet die Entscheidung darüber, welche Quellen einbezogen werden und welche nicht.

Review-Schwerpunkt können Forschungs*ergebnisse* oder Forschungs*methoden* sein, *Theorien* oder die praktische *Anwendung* von Forschung. Meist haben Reviews „two or three foci that are given varying degrees of attention." (Cooper 1988, 108; s. a. Becker 2013)

Methode
Die Güte eines systematischen Reviews hängt maßgeblich von der Literaturrecherche ab, die eindeutiger Kriterien bedarf (sodass bei einer wiederholten Anwendung die gleichen Ergebnisse erzielt würden).

Das ist zu tun und transparent zu machen:

1) Die Kriterien festlegen, welche Veröffentlichungen herangezogen und welche nicht.
   Auswahlkriterien können unter anderem sein (siehe auch Kapitel 8):
   - *Zeitraum* (zum Beispiel: nur Veröffentlichungen aus den letzten zehn Jahren)
   - *Quellenart* (zum Beispiel: nur Offline-Texte)
   - *Quellengüte* (zum Beispiel: nur wissenschaftliche Veröffentlichungen)
   - *Untersuchungsgegenstand* (zum Beispiel: nur Untersuchen zum Lernverhalten von Grundschüler*innen)
   - *Methode* (zum Beispiel: nur qualitative Forschung)
   - *Sprache* (zum Beispiel: in Deutsch und Englisch vorliegende Veröffentlichungen)

2) Die Recherchestrategie bestimmen.
   - Welche Datenbanken und Suchmaschinen wurden genutzt?
   - Welche Suchwörter wurden verwendet?
   - Wie viele Quellen wurden ermittelt?

- Welche Kriterien sind ausschlaggebend für die endgültige Auswahl?[34]

3) Übersicht über die Literatur, die im Review berücksichtigt wird.

Willems (2020) meint, für Bachelorarbeiten (im Fach Erziehungswissenschaft) wären 20 bis 25 Quellen vertretbar und für eine Masterarbeit das Doppelte. In einem Leitfaden der Universität Mannheim wird für Seminararbeiten (in Volkswirtschaft) von 10 bis 25 Beiträgen ausgegangen (Schreibberatung 2014).

Sie sollten den Umfang des Überblicks mit der oder dem Betreuer*in Ihrer Arbeit abstimmen. Meist ist eine Analyse ausgewählter relevanter Titel, die in die Tiefe geht, ertragreicher als eine oberflächliche Analyse vieler irrelevanter Quellen.

Literaturübersicht: Anforderungen, Ort und Umfang

In Abschlussarbeiten und Dissertationen ist die *Literaturübersicht* ein unverzichtbarer Teil und Voraussetzung der eigenen wissenschaftlichen Arbeit: Wer nicht weiß, was andere bereits gedacht haben, kann nicht entscheiden, ob er oder sie einen neuen Gedanken verfolgt, zu einer neuen Sichtweise, zu einer neuen Erkenntnis gelangt ist. Man muss den Stand der Forschung zu einem bestimmten Themengebiet kennen, um begründet neue Fragen stellen und nach abweichenden Antworten suchen zu können.

„Convince the reader that we shouldn't be (completely) satisfied with the existing literature on the topic and that your research will fill some important or interesting gap or address some important limitation or deficiency." (Rowland)

In der Literaturübersicht muss deutlich gemacht werden, dass man die vorhandene Forschung im gewählten Themenfeld überblickt[35] und auf die eigene Arbeit beziehen kann.

Ort und Umfang einer Literaturübersicht als Teil einer Arbeit sind variabel. Wenn Forschungsneuland betreten wird, kann der Forschungsüberblick kurz ausfallen und in der Einleitung stehen.

---

34 Reviews sind ein oft ertragreicher Ausgangspunkt für die Literaturrecherche. Mehr zur systematischen Recherche im *Handbuch Wissenschaftliches Arbeiten* (Franck 2017); s. a. Kapitel 3.

35 Wann hat man für einen Literaturbericht in Abschlussarbeiten und Dissertationen oder für ein systematisches Review als Bachelorarbeit genügend gelesen? Nie. „You are never ready with reading, as you will need to stay up-to-date with the scholarly output in your field as long as you want to consider yourself a self-respecting scholar. But this does not mean that you will never be ready to produce your literature review report." (Lantsoght 2018, 65)

Liegen viele Veröffentlichungen zu einem Forschungsfeld vor, wird dem Stand der Forschung ein eigenes Kapitel eingeräumt. Doch auch dann gilt: In der Kürze die Würze: Die Literaturübersicht geht nicht in die Breite, sondern referiert und bewertet den Stand der Forschung kriteriengeleitet – mit Blick auf das eigene Vorhaben. *Kriteriengeleitet* meint: nach bestimmten Gesichtspunkten, die zu erläutern sind (mehr dazu im nächsten Abschnitt). Auf der Grundlage dieser Übersicht wird die Fragestellung formuliert, der in der Arbeit nachgegangen werden soll.

Systematisches Review und Literaturübersicht: Ergebnisse strukturieren

Entscheidend für die Qualität eines systematischen Reviews und einer Literaturübersicht sind die Kriterien der Strukturierung der ausgewerteten Literatur. Anders formuliert: Wird die Literatur überschaubar gemacht?

Strukturieren können Sie zum Beispiel nach folgenden Gesichtspunkten:

- Untersuchungsgüte (Tabelle 1);
- klassischen Gliederungskriterien empirischer Arbeiten (Tabelle 2);
- chronologisch (Entwicklung der Diskussion über ein Thema, Wandel in der Sicht eines Problems)
- oder nach Disziplingesichtspunkten (Behandlung des Themas in unterschiedlichen Disziplinen).

Tabelle 1 Strukturierung nach Gütekriterien empirischer Forschung (eigene Darstellung)

Kriterien	Experiment (Befragung)	Experiment (Befragung)	Experiment (Befragung)
Grundgesamtheit			
Validität			
Objektivität			
Reliabilität			
Signifikanz			
Messgenauigkeit			
Ergebnisse			
Übertragbarkeit			

Worauf kommt es bei einem Literaturüberblick an?

Tabelle 2 Strukturierung analog dem Aufbau empirischer Untersuchungen (eigene Darstellung)

Kriterien	Autorin (Konzept)	Autor (Konzept)	Autor*innen (Konzept)
Fragestellung			
Theoriebezug			
Methode			

Häufig ist es notwendig, eigene Strukturierungskategorien zu entwickeln, mit deren Hilfe sich die Literatur adäquat strukturieren lässt. Ein Beispiel: Literatur zu Konzepten der politischen Bildung könnte nach den in Tabelle 3 aufgeführten Kriterien strukturiert werden.

Tabelle 3 Strukturierung des Themenfeldes Politische Bildung (eigene Darstellung

Kriterien	Autorin (Konzept)	Autor (Konzept)	Autorin (Konzept)
Theoriebezug			
Ziel			
Demokratieverständnis			
Menschenbild			
Didaktikkonzept			

Folgende Fragen sind nützliche Strukturierungs- und Auswertungshilfen:

- Welche Ergebnisse liegen vor?
- Sind die Ergebnisse empirisch abgesichert?
- Lassen sich die Ergebnisse empirisch überprüfen?
- Sind diese Ergebnisse widersprüchlich?
- Sind die Ergebnisse verallgemeinerbar?
- Welchen Geltungsbereich können diese Ergebnisse beanspruchen?
- Sind neuere Entwicklungen/Thesen/Theorien berücksichtigt?
- Sind die Untersuchungsmethoden angemessen?
- Mit welchem Ziel und welchem Erkenntnisinteresse wurden die vorliegenden Untersuchungen durchgeführt?
- Welche Fragen bleiben unbeantwortet?

- Welche Personen- und Altersgruppen, Orte, Institutionen im Forschungsfeld wurden bislang noch nicht untersucht?
- Wurde die Frauenforschung zum Thema berücksichtigt?
- Welche Disziplinen vernachlässigen das Forschungsfeld?

Eröffnung oder Schluss: Diskussion

> „Literature reviews can be used for making claims about what we know and do not know about a phenomenon and also about what new research we need to undertake to address questions that are unanswered." (Newman, Gough, 2020, 3 f.)

Bei einem systematischen Review folgt auf die Darstellung der Ergebnisse die *Diskussion*. Dabei kann es darum gehen,

- Differenzen und Übereinstimmungen hervorzuheben,
- Schlussfolgerungen zu ziehen,
- die Fragestellung zu beantworten,
- Grenzen des eigenen Herangehens zu benennen,
- auf mögliche praktische Implikationen hinzuweisen,
- einen Ausblick auf notwendige weitere Forschung zu geben.

Ist der Literaturüberblick Teil einer Arbeit, wird nach dem Überblick über den Stand der Forschung die Fragestellung der Arbeit formuliert und umrissen, welches Ziel verfolgt wird.

Die Fragestellung gibt Auskunft, *was* Sie wissen wollen. Die Antwort auf die Frage, *wozu* Sie das wissen wollen, benennt das Ziel Ihrer Arbeit.

Wer weiß, was eine Arbeit leisten soll, kann zielgerichtet arbeiten. Mit einem klaren Ziel hat man eine Orientierung, welche Wege eingeschlagen werden müssen, um voranzukommen. Meine Empfehlung: Formulieren Sie stets *schlanke* Fragestellungen und *realistische* Ziele (siehe Kapitel 4).

> **Zusammenfassung**
>
> Bei einem (systematischen) Literaturüberblick kommt es darauf an, die vorliegende Literatur kriteriengeleitet systematisch zu ermitteln, auszuwerten und strukturiert darzustellen.
>
> In Abschlussarbeiten und Dissertationen ist der Literaturüberblick Mittel zum Zweck: Aus dem Überblick über den Stand der Forschung die Fragestellung und das Ziel der Arbeit herauszuarbeiten.
>
> Systematische Reviews geben Auskunft über das Wissen, das zu einem Themenbereich vorliegt. Über Kontroversen und Widersprüche sowie über die Aspekte, die noch nicht erforscht wurden.

Worauf kommt es beim Referieren und Kritisieren an?

11

▶ *Vernünftige Kommunikation und gute wissenschaftliche Praxis haben eine Gemeinsamkeit: Kritik geht eine präzise Beschreibung voraus.* Die Darstellung einer gesellschaftlichen Entwicklung oder juristischen Debatte, der Theorie einer Autorin oder des Schaffens eines Bildhauers sollte so ausführlich wie nötig und so knapp wie möglich erfolgen, kriteriengeleitet und präzise sein. Bewerten heißt, kritisch prüfen: Stimmt das? Soll das so sein? Funktioniert das? Wissenschaft ist kritisch. Kritiker*innen sollten der Tugend der Sachlichkeit folgen und Drauflosmeinen vermeiden.

Ob Kopfschmerzen, Laborversuch oder Raubüberfall: Zunächst müssen die Symptome einer Krankheit, der Versuchsaufbau oder Tathergang exakt beschrieben werden, bevor man eine Diagnose stellt, eine Schlussfolgerung zieht oder einen Verdacht äußert.

In den Naturwissenschaften ist die Trennung von Darstellung, Analyse und Bewertung eine Selbstverständlichkeit, und für die Darstellung gibt es präzise fachbezogene Vorgaben.

In den Sozial- und Geisteswissenschaften kommt es darauf an, die Darstellung der Gedanken eines Autors, der Intention einer Autorin, der Grundlagen einer Theorie zu trennen von der Analyse und Bewertung: Zunächst müssen die Texte oder Sachverhalte, um die es geht, korrekt und verständlich wiedergegeben werden.

Theorien oder Forschungsergebnisse sind dann gut referiert, wenn sie so verständlich und ausführlich wiedergegeben werden, dass für den Leser die Lektüre des Originals nicht zwingend ist. Die Kür lautet: so ausführlich wie nötig und so knapp und präzise wie möglich. Vermeiden Sie eine ausführliche Wiedergabe von Texten in eigenen Worten oder gar Zitatreihungen.

© Der/die Autor(en), exklusiv lizenziert an
Springer Fachmedien Wiesbaden GmbH, ein Teil von Springer Nature 2024
N. Franck, *Schreiben im Studium*,
https://doi.org/10.1007/978-3-658-45377-0_12

Kriteriengeleitet referieren

Meinungen, Ergebnisse, Theorien werden als Meinungen, Ergebnisse, Theorien anderer referiert. Nach der Lektüre von Holzkamps *Grundlegung der Psychologie* wissen Sie, was der Autor unter „restriktiver Handlungsfähigkeit" versteht. Dieses Wissen wird neutral referiert bzw. bilanziert: „Holzkamp versteht unter ..." Teilt man Holzkamps Auffassungen, versteht man „*mit* Holzkamp restriktive Handlungsfähigkeit als ...".

Für die sachlich-neutrale Wiedergabe von Positionen und Ergebnissen bieten sich folgende Formulierungen an:

- Die Autorin vertritt die Position, ...
- Paul Willis widerspricht der These, ...
- Adorno betont, ...
- Bude meint, ...
- Nach Auffassung des Autors ist ...
- Gramsci geht der Frage nach, ...
- Die Autorin beruft sich ...
- Marx kommt zu dem Ergebnis, ...
- Der Ethnologe Lévi-Strauss zeigt, ...
- Entscheidend ist jedoch, so Erlinger, ...

Kriterien ausweisen und begründen

Nehmen wir an, in einer Hausarbeit soll ein Überblick über aktuelle Konzepte zur Reform des Sozialstaats gegeben werden. Dann sind diese Konzepte nicht nacheinander, sondern kriteriengeleitet zu referieren.

Die Kriterien müssen ausgewiesen und es muss begründet werden, warum sie zweckdienlich sind. Zudem ist darauf zu achten, dass die kriteriengeleitete Wiedergabe eines Textes oder einer Theorie den Intentionen der Autorin oder des Autors gerecht wird.

Diese Anforderungen gelten auch für *Vergleiche*: Die Vergleichskriterien müssen angemessen sein und expliziert werden.

Gleich, ob Sie referieren oder kritisieren: Achten Sie darauf, dass Sie die Intentionen der Autorinnen gerecht werden.

Hinweise auf Gemeinsamkeiten von Autoren oder Theorien, von Unterschieden zwischen Positionen lassen sich wie folgt formulieren:

- Gänzlich *andere Ergebnisse* ergaben die Untersuchung von Decker und Brähler (2020).

- Die Kritik von Haug *geht* über die bisherige Kritik am Rollenspiel *hinaus*.
- *Im Gegensatz* zur neoliberalen Finanzpolitik wird von Vertretern des Keynesianismus betont, dass …
- Die Thesen der Autorin stehen *im Widerspruch* zum klassischen Verständnis von Sexualität.
- Die Ergebnisse der Befragungen von 2021 und 2024 *weichen* deutlich *voneinander ab.*

Präzise Angaben machen

Die Wiederholung der Bundestagswahl in Berlin 2024 führte zu deutlichen Veränderungen gegenüber dem Ergebnis von 2021: Die Union legte auf über 17 Prozent zu, die AfD kam auf über 9 Prozent und überrundete damit die FDP.

Diese Angaben sind unpräzise. Was heißt *über* 17 Prozent und *über* neun Prozent? Wie viel Prozent der Zweitstimmen erhielt die FDP? Deshalb: Die Union legte auf 17,2 Prozent zu, die AfD kam auf 9,4 Prozent und überrundete damit die FDP, die auf 8,1 Prozent kam. 2021 erhielt FDP 9 Prozent.

Machen Sie, wenn es möglich ist, exakte Angaben: 2,7 kg schwerer (statt *viel* schwerer). Nicht: Die KPD erhielt bei den Reichstagswahlen am 6. November 1932 die meisten Stimmen in ihrer Geschichte. Sondern: Die KPD erhielt bei den Reichstagswahlen am 6. November 1932 mit sechs Millionen Stimmen das beste Ergebnis ihrer Geschichte (5 980 239 Stimmen muss nicht sein).

Vermeiden Sie *ziemlich, etwa, ungefähr* und *kaum*. Aus einem Exposé für eine Dissertation: „Kunst- und kulturwissenschaftliche Forschungen zum Verhältnis Kunst und Rüstungsindustrie sind kaum bis gar nicht zu finden."

„Kaum bis gar nicht" geht nicht. Der Stand der Forschung muss exakter benannt werden. (Am Rande: Es geht nicht um *Suchen* und *Finden*, sondern darum, welche Forschung vorliegt.)

Ein zweites Beispiel: „Ergebnisse der PISA-Studie … zeigen, dass ein eher mittelgutes bis schlechtes Abschneiden deutscher und österreichischer Schüler auf mangelnde Selbstregulationskompetenzen zurückzuführen ist."

Was ist *eher mittelgut* bis *schlecht*? Unpräzise.

Vielleicht ist dann angebracht, wenn eine Überlegung ausdrücklich als unsicher gekennzeichnet werden soll: Vielleicht führen Messungen zu zuverlässigeren Ergebnissen als Befragungen. Selbstbewusster ist folgende Formulierung: Zu prüfen wäre, ob Messungen zu zuverlässigeren Ergebnissen als Befragungen führen.

Im Indikativ und Präsens referieren

Ich empfehle, im Indikativ und Präsens zu referieren. Das erleichtert Ihnen das Schreiben und Lesen.

- Im Unterschied zum Behaviorismus *wird* in der Kognitiven Psychologie *betont*, dass ...
- Hacke *diagnostiziert* einen Verlust an „Anstand", den er vor allem auf folgende Faktoren *zurückführt*: ...
- Jarras *weist darauf hin*, dass die Arbeitnehmer*innen in Deutschland im ersten Jahrzehnt des 21. Jahrhunderts nicht vom Wachstum des Volkseinkommens profitierten.

Wenn Sie dieser Empfehlung folgen, sollten Sie konsequent bei Indikativ und Präsens bleiben.

Das Präteritum ist angebracht, wenn die Geschichte einer Debatte oder Forschungsansatzes referiert wird:

- Das Konzept der „Staatsbürgerlichen Erziehung" *wurde* in den Sechzigerjahren abgelöst von einem konfliktorientierten Ansatz der politischen Bildung, der das eigenständige Denken und Handeln der Schülerinnen und Schüler in den Mittelpunkt *stellte*.
- 1994 *eröffnete* Tillner mit einem Sammelband die Auseinandersetzung über die vernachlässigte Frage nach dem Verhältnis von Frauen und Rechtsextremismus.

Sorgfältig bewerten

Auf der Grundlage einer präzisen Darstellung wird analysiert und bewertet.[36] Folgende Fragen können eine Einordnung, Analyse und Bewertung leiten:

- Wer [Autor*in]
- sagt was mit welcher Intention und in welcher Form [Text]
- wem [Leser*in]?

---

36 Die „persönliche Stellungnahme", unbekümmertes Drauflosmeinen hat mit wissenschaftlichem Arbeiten nichts zu tun.

Aus diesen Hauptfragen lassen sich unter anderem folgende Teilfragen ableiten:

- Wer ist der Autor?
- Welches Ziel verfolgt die Autorin?
- In welchem Kontext steht die Arbeit?
- Welche Frage, welches Problem steht im Mittelpunkt?
- Welche Kernaussagen werden getroffen, welche Problemlösungen vorgeschlagen?
- Ist das Problem relevant?
- Ist die Fragestellung sinnvoll?
- Werden Voraussetzungen erläutert?
- Wird die Methoden- und Quellenauswahl begründet?
- Ist die Begründung schlüssig?
- Ist die Argumentation stimmig?
- Sind die Ergebnisse (praktisch) relevant?

Kritisches Nachfragen ist die „erste Bedingung allen Wissenschaftstreibens." (Narr 2013, 22)

Wer kritisiert, muss es aber nicht notwendig besser machen können. „Man kann eine Therapiekonzeption ... kritisieren, ohne für die dabei aufgezeigten Probleme eine Lösung haben zu müssen: Denn um Probleme und Grenzen psychologischen Handelns zu wissen, ist allemal besser, als um Probleme und Grenzen psychologischen Handelns *nicht* zu wissen" (Markard 2005, 27 – Herv. im Text).

Wer „an Ludwig Kirchners Spätwerk eine gewisse Süßlichkeit kritisiert, muss nicht besser malen können als Kirchner, und wer meint, dass manche Interpretationen von Vladimir Horowitz etwas tastenlöwenartig angelegt sind, ... muss nicht besser Klavier spielen können als Horowitz." (Ebd.) Gleichwohl: Solche Urteile sind argumentativ zu stützen. Der Standpunkt der Kritik muss expliziert werden können.

Wertende Kommentare lassen sich wie folgt formulieren:

- Für Heitmeyers These spricht ...
- Judith Butler macht deutlich, ...
- So gelingt der Autorin der Nachweis, ...
- Der Autor räumt allerdings ein, ...
- Allerdings übersieht Bolz, ...
- Unberücksichtigt bleibt bei Foucault die Tatsache, ...
- Goldmann bleibt daher den Nachweis schuldig, ...

Stimmt das? Soll das so sein? Funktioniert das?

Diese drei Fragen verweisen darauf, dass sich Argumente auf unterschiedliche Aussagetypen beziehen:

- Informative: Lion Feuchtwanger starb am 21. Dezember 1958 in Los Angeles
- Normative: Frauen sollten nicht diskriminiert werden.
- Technische: Durch Tempolimits kann die Zahl der Unfälle reduziert werden.

Mögliche Bewertungen von informativen Aussagen:
- richtig – falsch
- genau (vollständig, differenziert) – ungenau (unvollständig, undifferenziert)
- relevant – irrelevant
- neu – bekannt
- überprüfbar – nicht überprüfbar
- usw.

Mögliche Bewertungen von normativen Aussagen:
- sozial – unsozial
- gerecht – ungerecht
- human – inhuman
- unterhaltend (spannend) – langweilig
- ausdrucksstark – ausdruckslos
- usw.

Mögliche Bewertungen von technischen Aussagen:
- tauglich – untauglich
- effizient – ineffizient
- ökonomisch – aufwendig
- keine unerwünschten Folgen – unerwünschte Folgen
- usw.

Untugend: Überheblichkeit. Unangemessen: Besinnungstexte

Beurteilen und bewerten Sie Aussagen, Ideen, Vorschläge und Konzepte. Weisen Sie darauf hin, wenn ein Autor für seine Thesen keine Belege anführt. Kritisieren Sie, dass eine Autorin die von ihr verwandten Begriffe nicht unmissverständlich definiert. Und seien Sie an der richtigen Stelle bescheiden: Putzen Sie nicht mit leichter Hand eine Theorie weg, bescheinigen Sie nicht großzügig ausgewiesenen Wissenschaftlerinnen und Wissenschaftlern, dass sie „zu Recht feststellt"

oder er sich „grundlegend irrt". Überheblichkeit ist keine wissenschaftliche Tugend.
Das eigene Urteil gehört zum wissenschaftlichen Arbeiten. *Was-habe-ich-gelernt*-Texte hingegen sind an der Hochschule so nützlich wie ein Fahrrad für Fische. Aus einer Hausarbeit über „Ärgerentwicklung in der frühen Kindheit":

> „Neu war für mich, dass Ärger bereits so früh in der Entwicklung auftritt und offensichtlich eine starke biologische Wurzel hat. Plausibel scheint mir, dass Ärger eine wichtige Entwicklungsfunktion hat, indem er schon dem kleinen Kind Möglichkeiten an die Hand gibt, sich gegen Eltern und ältere Menschen durchzusetzen. Wenn schon kleine Kinder ein so hohes Niveau an Ärger-Potential haben, dann wird die Frage nach der sozialen Kontrolle oder der kulturellen Einbindung des Ärgers wichtig. Darüber habe ich kaum Informationen in der Literatur gefunden. Bisher war ich der Meinung, dass Ärger etwas ist, das eine sozial eher negative, schädliche Wirkung hat. Die Beschäftigung mit der Literatur hat mich davon überzeugt, dass Ärger auch eine positive Funktion hat. Unklar ist mir allerdings, wie eine Sozialisation auszusehen hat, die verhindern kann, dass Ärger in destruktive Aggressivität übergeht."

Ich rate von solchen Besinnungstexten ab und empfehle einen präzisen Umgang mit der Sprache.[37] In diesem Text erfahren wir, dass der Verfasser nach der Beschäftigung mit dem Thema schlauer ist als vorher. Das ist banal. Und wen interessiert es?

Auf Begründungen wird in dem Text verzichtet: Wieso wird beispielsweise, wenn bereits kleine Kinder ein erhebliches Ärger-Potenzial haben, die Frage „nach der sozialen Kontrolle oder der kulturellen Einbindung des Ärgers wichtig"? Und: Was heißt „soziale Kontrolle"? Für wen hat Ärger „eine sozial eher negative, schädliche Wirkung"? Welche „positive Funktion" kann Ärger haben?

Der Text ist Stoff für ein Tagebuch. In eine Hausarbeit gehören solche Selbstoffenbarungen nicht. Als Maxime formuliert: Habe eine eigene Meinung, aber bringe sie nicht im Stil eines Besinnungsaufsatzes zum Ausdruck.

---

37 Ärger und *Sozialisation* sind keine Subjekte, sondern Ausdrucksformen und Prozesse. Ärger kann daher einem Kind keine Möglichkeiten an die Hand geben und eine Sozialisation kann nichts verhindern. Ein Potenzial kann groß oder klein, hoch oder niedrig sein, aber kein „hohes Niveau" haben.

Informationen und Argumente statt Appelle und Bekenntnisse

Empörung über soziale Ungerechtigkeit oder ein anderes soziales Phänomen kann ein Anlass sein, sich wissenschaftlich mit einem Problem auseinanderzusetzen und engagiert, aber sachlich darüber zu schreiben. Das ist in einer Hausarbeit über Asylpolitik misslungen:

> „Letztendlich bleibt bei der Asylfrage nur die Antwort durch die Bekämpfung der Fluchtursachen statt ihrer Folgen. Eine solche Politik müsste selbstverständlich auf globaler Ebene betrieben werden. Dabei darf schließlich nicht vergessen werden, dass die meisten betroffenen Länder keineswegs nur durch eigenes Verschulden in politische und wirtschaftliche Probleme geraten sind. (...)
> Es läuft auf die generelle Fragestellung hinaus, ob man bereit ist, auf individueller Ebene traditionelle Denkweisen aufzugeben, auf politischer Ebene Verantwortung zu übernehmen und vorhandenen Reichtum zu teilen oder ob man das Unmögliche versuchen und sich gegenüber anderen Ländern abschotten möchte. Eine Antwort im Sinne der zweiten ‚Möglichkeit' wäre für beide Seiten tragisch."

Es gibt gute Gründe, die Asylpolitik zu kritisieren. In einer Hausarbeit sollte diese Kritik nicht im Stil eines Flugblatts formuliert werden: *Selbstverständlich* und *schließlich* sind Füllwörter. Den in einer Hausarbeit geforderten Stil verfehlen folgende Formulierungen:

- Letztendlich bleibt nur die Antwort ...
- Eine solche Politik müsste ...
- Dabei darf nicht vergessen werden ...
- Es läuft auf die Fragestellung hinaus ...

In der Wissenschaft ist der kühle Kopf gefragt, wenn man über Zustände oder Entscheidungen schreibt, die man für schlecht oder falsch hält.

Zusammenfassung

Referieren Sie Entwicklungen, Theorien, Befunde – kriteriengeleitet und präzise – so ausführlich wie nötig und so knapp wie möglich. Bewerten Sie die referierte Literatur kritisch und sachlich. Vermeiden Sie Besinnungstexte, Appelle und Bekenntnisse.

Wie überwinde ich Schreibhürden? 12

▸ *Sechs Hürden, die Sie sich in Ihren Schreibweg stellen können, sind Thema dieses Kapitels. Spoiler: Um diese Hürden zu überspringen, genügt ein wenig Einsicht und eine realistische Betrachtung der Anforderungen.*

Über das Schreiben wird an deutschen Hochschulen wenig gesprochen – schon gar nicht über Schwierigkeiten beim und mit dem Schreiben. Anleitungen sind selten. Deshalb ist es nicht verwunderlich, Haltungen und Einstellungen anzutreffen, die das Schreiben erschweren. Sechs solcher Schreibhürden – und ihre Überwindung – stehen auf den folgenden Seiten im Mittelpunkt. Vorab der Hinweis auf eine Selbstverständlichkeit: Wer über ein Thema etwas Substanzielles schreiben will, muss sich sachkundig machen. Je umfassender das Wissen, desto größer die Chance, im Schreibprozess voranzukommen.

Trainieren

Italienisch und Ikebana, Chinesisch und Cha-Cha-Cha, Japanisch und Judo – kein Weg führt am Lernen vorbei. Sie haben Englisch, Geschichte und Radfahren gelernt, vielleicht auch Klavier, Spanisch und Yoga. Ihnen war klar, dass Sie Englisch oder Spanisch *lernen* müssen und nicht auf Anhieb können. Mit dem Schreiben wissenschaftlicher Texte verhält es sich nicht anders. Das Schreiben einer Hausarbeit ist wie ein Marathonlauf: Es gelingt nicht aus dem Stand, nicht ohne Training.

Gedanken, Ideen oder Argumente in eine angemessene sprachliche Form zu bringen, muss – um im Bild zu bleiben – trainiert werden. Diese Fähigkeit ist kein Nebeneffekt der Auseinandersetzung mit Theorien, mit Vorschulpädagogik oder Betriebswirtschaft. Wer auf das Training verzichtet und meint, aus dem

Stand wissenschaftlich schreiben zu können, überfordert sich – und bringt sich um eine Lernchance. Wer sich einräumt, dass gelernt werden muss, Hausarbeiten zu schreiben, hat gute Chancen, es zu lernen.

Das Lernen sollte bereits bei der ersten Hausarbeit beginnen. Ist zum Beispiel die Finanzpolitik der Europäischen Zentralbank (EZB) Thema dieser Hausarbeit, werden Sie viel lesen müssen. Wissenschaftliches Schreiben lernen heißt, sich bewusst damit auseinanderzusetzen, *wie* die Ergebnisse dieser Lektüre dargestellt werden können.

Darauf kommt es an. Es ist nicht sicher, ob man, wenn diese Hausarbeit abgegeben ist, das mühsam zusammengetragene *Wissen* über die EZB noch einmal brauchen. Sicher hingegen ist: Bei der nächsten Hausarbeit – und vor allem bei der Abschlussarbeit – wird die *Fähigkeit* verlangt, Wissen zusammenzutragen, zu strukturieren und verständlich zu formulieren. Und in sehr vielen Berufen ist es eine Schlüsselqualifikation, Sachverhalte angemessen darstellen zu können (mehr dazu in Franck 2020).

Der Text muss nicht auf Anhieb stehen

Vielen Student*innen fällt es schwer, mit dem Schreiben zu beginnen. Der Grund: Sie betrachten das Schreiben als ein Alles-oder-nichts-Unternehmen, bei dem nur *ein* Versuch gestattet ist. Sie wollen auf Anhieb druckreif schreiben – und überfordern sich.

Starten Sie nicht zu früh mit dem Schreiben (vgl. Hürde 3). Setzen Sie aber nicht darauf, dass eine Arbeit im Kopf konzipiert und formuliert werden kann. Das erarbeitete Wissen und die eigenen Überlegungen müssen geordnet werden. Um Ordnung schaffen zu können, müssen Sie Ihre Gedanken zu Papier bringen. Dort können sie strukturiert und ergänzt, vertieft oder korrigiert werden.

Ein vorzeigbarer Text ist ein umgeschriebener Text. Die angemessene Form und der treffende Ausdruck gelingen nicht auf Anhieb. Wer viel schreibt, weiß das und bringt einen ersten, zweiten (und dritten) Entwurf zu Papier, aus dem ein gelungener Text werden kann. Diese Erfahrung hilft, gelassen mit Schwächen der ersten Fassung umzugehen und das Problem des Anfangs loszuwerden.

Unterbrechen Sie den Schreibprozess nicht durch häufige Korrekturen. Der erste Entwurf eines Kapitels oder Abschnitts ist eine Rohfassung. Jede Rohfassung ist unzulänglich. Wer bereits nach den ersten Sätzen korrigiert, blockiert sich, kommt nicht voran, wird unzufrieden oder beißt sich an der Korrektur der Korrekturen fest.

Ernest Hemingway soll bestimmte Szenen dreißig bis vierzig Mal umgeschrieben haben, bis sie ihm gefielen. Wenn Sie nicht schon während Ihres Studiums den Nobelpreis erhalten wollen, kommen Sie mit dem im dritten Kapitel vorgeschlagenen Dreischritt aus: Rohfassung – vorläufige Fassung – Endfassung.

Planen

Sie stellen sich eine große Hürde in den Schreibweg, wenn Sie das Schreiben lange hinauszögern – und wenn Sie zu früh starten.

Es ist sinnvoll, sich bei der *Erarbeitung* eines Themas Notizen zu machen, Lektüre-Ergebnisse und eigene Gedanken schriftlich festzuhalten. Es führt jedoch in eine Sackgasse, zu früh mit dem Schreiben zu beginnen. Zwar können beim Schreiben „die besten Ideen kommen". Aber diese Ideen brauchen eine Struktur und eine angemessene Form, damit aus ihnen ein schlüssiger und präzises Text wird. Die besten Ideen ersetzen keine Kriterien, was warum wichtig ist und was nicht. „Failing to plan is planning to fail." (Der Hinweis wird sowohl Benjamin Franklin als auch einem US-Sachbuchautor zugeschrieben.)

Komplexere Texte lassen sich nicht aus dem Ärmel schütteln; sie lassen sich nicht im Kopf konzipieren und gestützt auf ein paar Gliederungspunkte am Stück „herunterschreiben". Wer ohne ein Konzept schreibt, landet im Abseits.

Wenn Sie mit dem Frühstart-Problem zu kämpfen haben, können Kapitel-Abstracts helfen: Sie schreiben für jedes Kapitel eine kurze Inhaltsangabe von fünf bis zehn Zeilen: Worum soll es in welcher Reihenfolge in diesem Kapitel gehen? Sie geben sich mit einem solchen Abstract eine Regieanweisung: Das will ich jetzt zu Papier bringen. Und an Ihre eigenen Anweisungen können Sie sich getrost halten.

Nicht von schlechten Vorbildern beeindrucken lassen

> „Es kann keinen Zweifel daran geben", so der britische Spinnenforscher Theodore H. Savoy, „dass die Wissenschaft in vielerlei Hinsicht der natürliche Feind der Sprache ist."
> (Zit. in Debrebant 2009)

Eine große Schwierigkeit beim Schreiben-Lernen sind die Bücher und Aufsätze, die Sie während Ihres Studiums lesen: Der Mangel an Klarheit und Prägnanz vieler Veröffentlichungen hat wenig zu tun mit der Vielschichtigkeit der behandelten Probleme oder der Komplexität der Gedanken. Vor allem aus drei Gründen werden häufig Selbstverständlichkeiten in verschachtelten Sätzen zu rätselhaften Sätzen aufgebläht.

1) Viele Wissenschaftler*innen haben nicht gelernt, präzise, verständlich und anschaulich zu schreiben. Sie beginnen ihre Schreibkarriere mit der Nachahmung des Stils der Autoritäten in ihrem Fach. Und mit der Zeit wird deren schlechter Stil ihr Stil.
2) Manche Autor*innen sind zu bequem, einen komplizierten Sachverhalt verständlich darzustellen. Sie können es sich leisten, weil viele Studierende über unverständliche Texte nach dem Grundsatz urteilen, „in dubio pro reo". Statt die Urheber*innen eines unverständlichen Textes für die mangelnde Textqualität verantwortlich zu machen, suchen sie die Ursache für ihre Schwierigkeit, den Text zu verstehen, bei sich: *Ich kann* den Text *nicht* verstehen.
3) In der Welt der Wissenschaft ist die Zahl der „einschlägigen" Veröffentlichungen das zentrale Erfolgskriterium. Veröffentlichungen, in denen vorläufige Überlegungen zur Diskussion gestellt werden, sind nicht „einschlägig", mögen diese Überlegungen noch so anregend sein. Veröffentlichungen, die vor der Fachöffentlichkeit bestehen sollen, müssen „wasserdicht" sein. Das Ergebnis sind schlechte Texte. „Wir drücken uns deshalb so schwammig aus", schreibt der Soziologe Howard S. Becker über seine Zunft, „weil wir fürchten, bei größerer Präzision von Kollegen auf offensichtlichen Irrwegen ertappt und ausgelacht zu werden." So entstehen „verschwommene Phrasen", in denen die „generelle Bereitschaft" signalisiert wird, einen „Gedanken im Falle der Kritik sofort wieder fallenzulassen." (2000, 24 f.)

Wer sich solche Texte zum Vorbild nimmt, macht sich das Schreiben unnötig schwer und bringt sich um die Chance, Schreiben zu lernen.

In der Rhetorik wird empfohlen, „den Meistern durch Nachahmung die Regeln des Handwerks zu entlocken", um „es zu eigener Meisterschaft zu bringen" (Ueding 1996, 21). Wer einen Krimi schreiben will, sollte die Erzählperspektiven und den Aufbau eines Plots bei Gisa Klönne oder Christian von Ditfurth studieren. Wer seine Biografie schreiben möchte, sollte Uwe Timms *Alle meine Geister* lesen und die angehende Lyrikerin die Gedichte von Else Lasker-Schüler und Robert Gernhardt. In wissenschaftlichen Texten finden Sie selten brauchbare Anhaltspunkte, um Schreiben zu lernen. Machen Sie aus dieser Not eine Tugend: Lassen Sie sich von schlechten Vorbildern nicht beeindrucken.

Von Texten lösen

Fällt es Ihnen schwer, sich von den Texten zu lösen, die Sie gelesen haben, und einen Sachverhalt in eigenen Worten auszudrücken? Reihen Sie Zitat an Zitat und formulieren Sie nur die Verbindungssätze selbst? Dann haben Sie vielleicht zu großen Respekt vor dem *Wortlaut* wissenschaftlicher Texte.

Wer am Wort klebt, dringt nicht zum Sinn vor. Was man nicht in eigenen Worten wiedergeben kann, bleibt fremd. Wir können erst dann mit einer Theorie umgehen oder mit einer Einsicht in Zusammenhänge etwas anfangen, wenn wir in der Lage sind, diese Theorie oder Zusammenhänge in eigenen Worten wiederzugeben. Für den Umgang mit der Autorität Text heißt das: Texte müssen klug – nicht wortgetreu – genutzt werden. Howard S. Becker hat dafür eine treffende Analogie gefunden:

> „Stellen Sie sich vor, Sie führen eine Schreinerarbeit aus, zimmern vielleicht einen Tisch. Sie haben ihn im Entwurf gezeichnet und in Teilen auch schon zugesägt. Günstigerweise brauchen Sie nicht alle Teile selbst zu fertigen. Einige weisen Standardgrößen und -formen auf und sind in jedem Holzgeschäft zu haben. Andere sind bereits von anderen Schreinern konzipiert und gefertigt worden – z. B. Schubladenknäufe und gedrechselte Tischbeine. Sie müssen sie nur noch in die von Ihnen dafür vorgesehenen Leerstellen einpassen." (2000, 188)

Von einer Hausarbeit werden keine neuen Erkenntnisse erwartet. Vielmehr sollen Sie nachweisen, dass Sie ein Thema mit Hilfe der Literatur bearbeiten können. Dieser Nachweis kann gelingen, wenn man selbst denkt und das eigene Nachdenken auf die Literatur stützt und bezieht.

Wissenschaftliche Texte sind Autorität. Respektvoller Umgang mit dieser Autorität verlangt eine sorgfältige und kritische Lektüre – mit dem Ziel, die Erkenntnisse *nutzen* zu können, die diese Texte enthalten. Ohne eigene Fragen und Überlegungen gelingt es nicht, in der Literatur Mittel zum Zweck zu sehen, vorhandene Erkenntnisse für das *eigene* Vorhaben zu nutzen.

Eigene Gedanken und wissenschaftliche Literatur ergeben die richtige Mischung für eine Hausarbeit. Entwickeln Sie *eigene Fragen* und nutzen die Literatur, um *Antworten* zu geben. Um nicht mehr – aber auch nicht weniger – geht es in einer Hausarbeit.

Sich nicht wissende Leser*innen vorstellen

Ringen Sie beim Schreiben mit dem „Stoff". Das ist Arbeit genug. Machen Sie sich nicht das Schreibleben schwer mit Überlegungen, was die potenziellen Leser*innen von Ihrer Haus- oder Bachelorarbeit halten werden. Das blockiert vor allem dann, wenn man Prüfer oder Betreuerinnen vor Augen hat, die schon alles wissen.

Schreiben im Studium ist eine paradoxe Situation: Mit einer Haus- oder Masterarbeit verstoßen Sie gegen eine Grundregel der Kommunikation: Man teilt anderen nicht mit, was diese bereits wissen.

Diese Konversationsregel gilt zum Beispiel nicht bei Prüfungen. Prüfer kennen die Antworten auf ihre Fragen. Mit Hausarbeiten verhält es sich ähnlich. Zwar vergeben didaktisch versierte Betreuerinnen Themen, die eigenständiges Arbeiten ermöglichen. Aber die Paradoxie lässt sich nie ganz aufheben. Sie erleichtern sich das Leben, wenn Sie sich damit abfinden.

Hilfreich ist es zudem, sich interessierte Leser*innen vorzustellen. Und so zu schreiben, dass deren Interesse nicht erlahmt:

> „Bauen Sie Ihren Text so auf, dass eine gewisse Spannung aufkommt, indem Sie zum Beispiel zuerst eine Frage stellen, diese in Teilfragen zerlegen und die eigentliche Lösung nicht vorwegnehmen. Versetzen Sie sich in die Rolle des Lesers und versuchen Sie nachzuvollziehen, wie er auf Ihre Darstellung reagieren könnte. Die Fähigkeit, die Sie in Ihrer Arbeit unter Beweis stellen sollen, besteht nicht nur darin, Ihr Wissen zu demonstrieren. Sie sollen auch zeigen, dass Sie argumentieren und einen Stoff angemessen darstellen können." (Keseling 2013, 212 f.)

Die meisten Leserinnen wissen dies zu schätzen. Auch Lehrende. Und wenn Sie *eigene* Fragen und Argumente präsentieren, bieten Sie mehr als die Reproduktion des Wissens, das Prüfer*innen bekannt ist.

Zusammenfassung

Hausarbeiten gelingen nicht auf Anhieb. Planung ist unerlässlich. Sie sind auf einem guten Weg, wenn Sie sich bewusst machen, dass Sie *trainieren* müssen, *Hausarbeiten* zu *schreiben*. Ihre Schreibfortschritte können Sie beschleunigen, wenn Sie sich von schlechten wissenschaftlichen Texten nicht beeindrucken lassen und lernen, sich von Texten zu lösen und eigene Worte zu finden. Last but not least: Es ist hilfreich, sich beim Schreiben interessierte Leser*innen vorzustellen.

Darf ich in Hausarbeiten „ich" schreiben? 13

▶ *Wenn Sie in einer Hausarbeit einer Frage nachgehen, wenn Sie in einer Bachelorarbeit zwei Theorien vergleichen, wenn Sie in einer Masterarbeit die Ergebnisse Ihrer Befragung bewerten – dann dürfen Sie ich schreiben. Schließlich ist es Ihre Frage, geht es um Ihre Vergleichs- oder Befragungsergebnisse.*

Ich werde in meinen Seminaren und Workshops oft gefragt, ob „ich" in einer Hausarbeit zulässig, in einer Dissertation angemessen ist.

Meine Antwort: Ein wissenschaftlicher Text erzählt sich nicht von selbst und alleine. *Ich* signalisiert: Die Autorin übernimmt Verantwortung für ihren Text. *Ich* bedeutet nicht: Der Autor überschätzt sich oder ist nicht der Objektivität verpflichtet.

Es geht nicht ohne: die Verfasserin, den Verfasser

Wissenschaftliche Texte verlangen „erstens Genauigkeit, zweitens, den eigenen Standpunkt so deutlich wie möglich zu machen, und drittens, empirische Beobachtungen von Annahmen und Hypothesen zu trennen, also Überprüfbarkeit möglich zu machen. Wie soll man das bewerkstelligen, ohne dass die eigene Person im Text erscheint?" (Groebner 2012, 105)

Seien Sie deshalb nicht schüchtern. Schreiben Sie *ich*, wenn Sie in einer Haus- oder Bachelorarbeit Fragen formulieren und Schwerpunkte setzen, feststellen oder schlussfolgern – sofern es nicht den Konventionen des Fachbereichs widerspricht oder den Vorlieben derer, die Ihre Arbeit beurteilen.

Ich empfehle nicht, dick aufzutragen, sondern plädiere dafür, die eigene Leistung nicht zu verstecken:

- Ich gehe der Frage nach, ...
- Ich verfolge das Ziel, ...
- Vor dem Hintergrund dieser Untersuchungsergebnisse komme ich zu dem Schluss, ...

Wenn Sie sich für *ich* entscheiden, fällt das Schreiben leichter und Ihre Sätze werden schlanker.

Gefällt Ihnen *ich* nicht oder studieren Sie an einem Fachbereich, an dem die erste Person verpönt ist, müssen Sie mehr schreiben:

- In dieser Arbeit wird der Frage nachgegangen ...
- In dieser Arbeit wird überprüft, ob ...
- Zunächst werden die konkurrierenden Theorien vorgestellt, um dann ihre Relevanz für ... zu untersuchen.

Meines Erachtens ist keine sinnvolle Ich-Alternative. Schreibe ich: „Deshalb ist diese These nicht haltbar", ist eindeutig, dass *ich* das meine. Wozu dann *m. E.?* Und was anderes sagt *m. E.* als *ich?*

In jedem Fall sollte die Arbeit nicht zum Subjekt erklärt werden: Eine Hausarbeit kann nichts; eine Masterarbeit untersucht nicht und ein Kapitel fragt nicht. Schreiben Sie deshalb nicht:

- „Das Kapitel *Ursachenforschung* untersucht die gesellschaftlichen Voraussetzungen, die ..."
- „Die Dissertation widmet sich der Rolle der Wiener Universität in der Auseinandersetzung mit dem ...".
- „Das Hauptinteresse der hier vorliegenden Arbeit lag darin, ... zu untersuchen ...".

Sondern:

- In diesem Kapitel werden die gesellschaftlichen Voraussetzungen untersucht, die ... (Es ist überflüssig, den Titel des Kapitels zu wiederholen.)
- Ich untersuche die Rolle der Wiener Universität in ... (Widmen Sie lieben Menschen Zeit und Aufmerksamkeit. Ein Kapitel widmet nie. Erörtern Sie auch nicht, das haben Sie in der Schule gemacht, sondern untersuchen, analysieren Sie.)
- Mein Hauptinteresse bestand darin ... („Hier vorliegend" ist Murks: Wo ist *hier?* Und warum *vorliegend? Die(se) Arbeit* genügt!)

Umständlich und altmodisch schließlich sind folgende Wege, ich zu vermeiden:

- *Die Verfasserin* kommt deshalb zu dem Schluss, ...
- *Der Verfasser* vertritt die Auffassung, ...
- Betrachten *wir* näher, was Wilhelm Schmid unter ‚Gutem Leben' versteht. – Verwenden Sie den Pluralis Majestatis erst dann, wenn Sie auf einem Lehrstuhl sitzen. Dann dürfen Sie getrost schreiben: „*Wir* ziehen daraus den Schluss, dass ..."

Wenn es nicht um die erste Person Singular geht

Sachlich ist die Entscheidung für *ich* oder *nicht ich* vom Gegenstand abhängig, um den es in einer Arbeit geht. Es gibt Tatsachen, Erkenntnisse, Verallgemeinerungen, die unabhängig vom individuellen Denken und Meinen sind. Deshalb sind folgende Formulierungen unangemessen:

- *Ich meine,* dass im Januar 2024 über 2,8 Mio. Menschen in Deutschland arbeitslos gemeldet waren. – Sie können jedoch die Auffassung vertreten, dass diese Zahl geschönt ist.
- *Ich denke,* Radfahren belastet die Umwelt weniger als Autofahren. – Das ist Fakt, keine Frage des Denkens oder Meinens.
- *Ich bin der Auffassung,* dass die Durchschnittstemperatur der erdnahen Atmosphäre und der Meere seit der Industrialisierung gestiegen ist. – Die Durchschnittstemperatur der erdnahen Atmosphäre ist keine Frage der persönlichen Auffassung.

Vermeiden sollten Sie zudem Kommentare zum Arbeitsprozess, die nichts zur Sache beitragen:

- Nicht: Da *mich* frühkindliche Förderung *schon immer interessierte,* ... Sondern: Frühkindliche Förderung ist *aus folgenden Gründen* relevant für ...
- Nicht: *Nach gründlichem Überlegen* habe *ich mich* für eine Konzentration auf die sozialen Voraussetzungen für den Schulerfolg entschieden. Sondern: Ich konzentriere mich *deshalb* auf die sozialen Voraussetzungen für den Schulerfolg, *weil* diese ... (siehe auch den *Leitfaden Selbstreferenz* 2015).

„Don't parade around in public in your underwear", heißt es in einem US-amerikanischen Leitfaden für Doktoranden (zit. nach Groebner 2012a): Seien Sie sparsam mit Persönlichem. Leser*innen wollen Ergebnisse.

Zusammenfassung

Sie entscheiden, wie Sie beim Schreiben mit der ersten Person Singular umgehen. Wirkung erzeugt *ich*. Wäre *ich* „Leitlinie und Identifikationsmerkmal wissenschaftlichen Schreibens", würde „Wissenschaft spürbar lebendiger" (Stitzel 2016, 146).

14 Welche Kriterien muss eine Einleitung erfüllen?

▶ *Einleitungen sollen zum Lesen einladen.* So können sie diese Anforderungen erfüllen: Es wird deutlich gemacht, worum es in der Arbeit geht und warum es sich lohnt, sie zu lesen. Die Leser*innen erfahren, welcher Fragestellung nachgegangen wird und welches Ziel erreicht werden soll. Der Aufbau der Arbeit wird erläutert und – wenn notwendig – der theoretisch-methodische Zugang zum Thema begründet.

Nicht „jedem Anfang wohnt", wie Hesse meinte, „ein Zauber inne". Der Anfang vieler Haus- und Abschlussarbeiten ist eher abschreckend, konfus oder langweilig.[38]

Was soll eine Einleitung leisten? Der fiktive Dialog zwischen einem Leser und einer Autorin vermittelt eine Vorstellung vom Ziel und dem Inhalt einer Einleitung:

L: Warum sollte ich Ihre Arbeit lesen?
A: Weil in ihr ein interessantes (wichtiges) Thema (Problem) behandelt wird.
L: Was habe ich davon, wenn ich Ihre Arbeit lese?
A: Sie bekommen Antworten auf folgende Fragen: …
L: Warum wird nicht das gesamte Problem behandelt?
A: Weniger ist aus folgenden Gründen mehr: …
L: Muss ich alles lesen?
A: Unbedingt. Die Argumente bauen aufeinander auf.
L: Und warum soll ich mich mit Theorien beschäftigen, wenn ich etwas über das Problem XY erfahren möchte?

---

38 Ich erspare Ihnen Belege.

A: Sie sollten wissen, warum ich wie vorgehe, um sich ein fundiertes Urteil bilden zu können. Und keine Angst: Meine Ausführungen zur Theorie folgen der Maxime: so viel wie nötig und so kurz wie möglich.

Pflicht: erläutern, worum es warum mit welchem Ziel geht

Eine gelungene Einleitung erfüllt sechs Funktionen:

1) Das Problem darstellen, das behandelt wird: Worum geht es? Was macht die Sache relevant, interessant, fragwürdig?
2) Erläutern, welche Frage geklärt oder welche These überprüft werden soll.
3) Den Gegenstand präzisieren, ihn ein- bzw. abgrenzen: Worum geht es genau? Warum werden gerade diese Gesichtspunkte behandelt? Auf welche Aspekte wird nicht (näher) eingegangen?[39]
4) Den Ertrag skizzieren: Welches Ziel wird mit welcher Intention verfolgt?
5) Die Voraussetzungen erläutern, unter denen das Thema behandelt wird: Welcher methodische Zugang wurde gewählt? Welche Literatur, welche Daten usw. wurden herangezogen?

Der letzte Satz des fiktiven Dialogs lautet: „Meine Ausführungen zur Theorie folgen der Maxime: so viel wie nötig und so kurz wie möglich." Für Hausarbeiten im ersten und zweiten Semester werden gewöhnlich keine wissenschaftstheoretischen Begründungen verlangt. Wer an einer Masterarbeit oder Dissertation sitzt, sollte sorgfältig prüfen, ob es notwendig ist oder verlangt wird, in der Einleitung wissenschaftstheoretische Überlegungen vorzunehmen.

6) Den Aufbau der Arbeit begründen: In welcher Reihenfolge wird warum vorgegangen? Den Aufbau der Arbeit erläutern, meint nicht: das Inhaltsverzeichnis nacherzählen.

Ob alle und wie ausführlich diese Aspekte in einer Einleitung angesprochen werden müssen, hängt vom Gegenstand und Umfang der Arbeit ab. In einer Hausarbeit von zehn oder zwölf Seiten ist es nicht notwendig, Aufbau und Abfolge der Arbeit zu begründen. Doch drei oder vier Sätze schaden nicht und sind eine gute Übung. In jedem Falle gilt: Eine Einleitung soll zum Hauptteil hinführen, ihn aber nicht vorwegnehmen.

Eine Einleitung ist auch kein Ort für Geständnisse. Aus einer Anglistik-Hausarbeit: „Die Beschäftigung mit den Werken von Toni Morrison hat in mir viele

---

39 Mehr dazu im Kapitel 8.

Gefühle ausgelöst. Je intensiver ich mich mit ihrem Werk auseinandergesetzt habe, umso vielschichtiger wurde mein Bild von der Autorin und ihrem Werk."
Das ist schön – gehört aber nicht in eine Hausarbeit. Und folgende Offenbarungen nicht in eine Masterarbeit:

„Ich bin grundsätzlich davon überzeugt, dass sich der Einbezug des Körpers in die Diagnostik – und ebenso in die Therapie – lohnt. Daher fasziniert mich die bioenergetische Körperdiagnostik zwar, dennoch stehe ich den Konzepten mit einiger Skepsis gegenüber. Die Theorien scheinen mir nachvollziehbar und eingängig, aber die häufig sehr metapherhaften Beschreibungen überzeugen mich nicht. Da ich aber der Auffassung bin, dass der Einbezug des Körpers weniger mit Glauben zu tun haben sollte und mehr mit Wissen, habe ich mich in dieser Arbeit an die empirische Überprüfung der Körperdiagnostik herangewagt."

Subjektives Interesse ist ein guter Anlass, sich mit einem Thema zu beschäftigen. Und es ist nichts gegen Überzeugungen und Faszination einzuwenden – eine ausreichende Begründung für eine Masterarbeit sind Faszination und Überzeugungen nicht. Zumal dann nicht, wenn sie mit Geständnissen verbunden werden: „Da ich aber der Auffassung bin, dass der Einbezug des Körpers weniger mit Glauben zu tun haben sollte und mehr mit Wissen ..." In der Wissenschaft geht es nicht um Glauben. Das sollte man nach dem ersten Semester wissen und nicht mehr in der Einleitung einer Abschlussarbeit bekennen.

Kür: Aufmerksamkeit wecken statt langweilen

Beim Schach bestimmt die Eröffnung oft den gesamten Spielverlauf. Bei Haus- und Masterarbeiten haben die ersten Sätze maßgeblichen Einfluss auf die Erwartungshaltung der Leser*innen. Wer mit der Tür ins Haus fällt, verzichtet auf eine gute Eröffnung:

- „Die Arbeit behandelt die hexagonalen Bauten des Architekten ..."
- „Die vorliegende Arbeit befasst sich mit inhaltlichen und stilistischen Kriterien der Glaubhaftigkeitsdiagnostik."

Es ist einfallslos, im ersten Satz wörtlich oder sinngemäß den Titel der Arbeit zu wiederholen. Die ersten fünf oder sechs Zeilen (in einer Masterarbeit können es auch zwei Seiten sein) sollten zum Problem und zur Fragestellung hinführen. – Zum Beispiel auf folgenden zehn Wegen:

Fakten, die ein Problem deutlich machen:
Menschen gehen ins Krankenhaus, um gesund zu werden. In Deutschland bezahlen jährlich 15 000 bis 20 000 Menschen diesen Gang mit dem Leben.

Eine Feststellung, die zunächst kurios erscheint
- Jede*r zehnte US-Bürger*in soll beim Sex schon einmal sein Smartphone kontrolliert haben.
- Für viele Europäerinnen ist es ein sehnlicher Wunsch. Für bengalische Bauern der Albtraum: ein Haus am Meer.

Fragen
- Worauf lassen sich die Unterschiede zwischen Individuen zurückführen? Auf Vererbung oder auf Umwelteinflüsse? Und worin besteht die praktische Relevanz dieser Frage?
- Warum nimmt in Deutschland die Armut zu, obwohl das Volksvermögen wächst?

Ein themenbezogener Erfahrungsbericht
Der Sohn meiner Schwester, er ist fünf, stand dieser Tage vor dem Fernseher und wollte den Nachrichtensprecher wegwischen. Er versuchte es wiederholt, mit dem Zeigefinger, mit dem Daumen, mit der ganzen Hand. Verständnislos gab er nach einiger Zeit auf.

Eine Beschreibung, die zum Problem führt
Millionen sind ständig in Kontakt – online. Und fühlen sich nicht nur abends allein. Sie teilen mit, was sie *shoppen* und sie *liken*. Aber kein Wort, wie es ihnen wirklich geht. Die Zahl der Freunde auf Facebook ist wichtiger als Freundinnen und Freunde im wirklichen Leben.
    Warum ist das so? Sind die inzwischen nicht mehr ganz neuen Medien daran schuld? Anders gefragt: Bezeichnen diese Feststellungen überhaupt ein Problem? Oder sind sie nur wertkonservative Kulturkritik? Diese Fragen …

Ein treffendes oder irritierendes Zitat
- „Wie der Buchdruck alle zu potenziellen Lesern gemacht hatte, so macht die Digitalisierung alle zu potenziellen Autoren. Aber wie lange hat es gedauert, bis alle lesen gelernt hatten?" (Jürgen Habermas 2022)
- „Wenn Deutschland dem Klimawandel so entschlossen entgegenträte wie den Menschen, die vor ihm warnen, wäre vielleicht noch etwas zu retten." (Jan Böhmermann 2022)

- „Selbst im Fall einer Revolution würden die Deutschen sich nur Steuerfreiheit, nie Gedankenfreiheit erkämpfen." (Friedrich Hebbel 1836)
- „So viel Wissen über unser Nichtwissen ... gab es noch nie." (Habermas 2020)

Ein Gedankenspiel
Was wäre, hätte es zuerst die digitalen Computernetzwerke gegeben und dann erst gedruckte Wissensspeicher auf Papier? In der digitalen Zeit war alles gut. Die Welt war effizient sortiert. Man konnte blitzschnell durch alle Texte scrollen und blieb trotzdem Herr seiner selbst, denn die absorbierten einen nicht. Dann aber kamen die jungen Revoluzzer, die Texte auf Papier druckten. Immer mehr solcher „Bücher" wurden produziert. Die Jugendlichen entfremdeten sich von ihren Eltern und entwickelten ihre eigene Sprache. Experten warnten: Die neuen Informationsspeicher seien gefährlich. Sie könnten einem auf den Fuß fallen, manche enthielten sogar gefährliche Schimmelsporen. Zudem isolierten sich die Bücherleser aus der Gemeinschaft. (Nach Groebner 2014, 39 f.)

Eine ungewöhnliche Definition
Noten sind Misstrauen in Zahlen gefasst.

Eine Parabel

„Schwimmen zwei junge Fische des Wegs und treffen zufällig einen älteren Fisch, der in die Gegenrichtung unterwegs ist. Er nickt ihnen zu und sagt: ‚Morgen, Jungs. Wie ist das Wasser?' Die zwei jungen Fische schwimmen eine Weile weiter, und schließlich wirft der eine dem anderen einen Blick zu und sagt: ‚Was zum Teufel ist Wasser?'"[40]

Eine Allegorie
Der Igel hat den Wettlauf mit dem Hasen gewonnen. Das Rennen mit dem Menschen wird er verlieren, wenn wir die Natur weiter mit rasanter Geschwindigkeit dem Straßenbau opfern.

Steven Pinker betont: „Good writing starts strong. Not with a cliché ..., not with a banality ..., but with a contentful observation that provokes curiosity (2015, 13).
Das Gegenteil erreichen Sie, wenn Sie mit der Tür ins Haus fallen oder der Empfehlung folgen, zu Beginn den „zentralen Begriff der Arbeit" zu definieren (Esselborn-Krumbiegel 2017, 83). Niemanden interessieren Definitionen und Be-

---

[40] Der Beginn einer Rede von David Foster Wallace vor US-amerikanischen Uni-Absolvent*innen (2017, 9).

griffe, solange noch nicht erläutert wurde, womit man sich warum und mit welchem Ziel auseinandersetzt.

Eine Einleitung ist kein Vorwort

Eine Einleitung ist kein Vorwort. Im Vorwort, das vor dem Inhaltsverzeichnis steht, werden Hinweise und Erläuterungen gegeben, die nicht unmittelbar zum eigentlichen Thema gehören – zum Beispiel: Aussagen über die Bedingungen, unter denen die Arbeit entstand, der Dank an Personen oder Institutionen, die die Arbeit unterstützt haben.

Ein Vorwort wird nur umfangreichen Arbeiten vorangestellt. Eine Hausarbeit kommt ohne Vorwort aus.

Mit einer *Widmung* sollten Sie bis zu Ihrer ersten Buchveröffentlichung warten – und prüfen, ob Sie die Unsitte vieler Professoren kopieren wollen, die im Vorwort zu einer wissenschaftlichen Arbeit bekennen, wem sie zur Last gefallen sind.

Verzichten Sie, spottet Probst, in Hausarbeiten auf „Danke Tobias", auf „Für Luise" und „Meinen Eltern": Die Diskrepanz zwischen einer „wirtschaftsgeschichtlichen Arbeit von zehn Seiten über die Rolle der Mühle im ausgehenden 17. Jahrhundert und dem ... Gestus des Widmens" ist zu groß (2018, S. 69).

Zusammenfassung

Einleitungen haben die Funktion, das *Problem zu erläutern*, das behandelt wird, das Thema zu präzisieren und das Ziel der Arbeit zu skizzieren. In Abschlussarbeiten sind die *Voraussetzungen anzugeben*, unter denen das Thema behandelt wird, und der *Aufbau* der Arbeit zu begründen.

Es lohnt sich, Arbeit in die ersten Sätze zu investieren: Sie sind die Eintrittskarte zur Gunst der Leser*innen.

15 Was macht einen überzeugenden Schluss aus?

▶ *Auf den letzten Seiten soll deutlich werden, dass Sie etwas geleistet haben. Im Schluss werden die Ergebnisse der Arbeit bilanziert. Für eine Hausarbeit genügt die Zusammenfassung. In Bachelor- und anderen anspruchsvolleren Arbeiten schließt sich – je nach Inhalt der Arbeit – eine Bewertung der Ergebnisse an und der Verweis auf offene Fragen bzw. ein Ausblick.*

Die *Einleitung* soll zum Lesen einladen (Kapitel 14). Der Schluss soll die Haus- oder Masterarbeit abrunden. Wie kann das gelingen?

Es gibt keine verbindlichen Schlussformen. Pflicht ist eine Bilanz: Was wurde mit welchem Ertrag gezeigt? An diese Bilanz können Sie anschließen:

- *Eine Bewertung bzw. Einordnung der Ergebnisse.*
  In Abschlussarbeiten und Dissertationen: In welchem Zusammenhang stehen die Ergebnisse der Arbeit zu vorliegenden Befunden, Theorien und Studien?
- Einen *Ausblick* mit Hinweisen auf *ungeklärte Probleme, offene Fragen* oder *praktische Konsequenzen*.
  In Abschlussarbeiten und Dissertationen: Welche Schlussfolgerungen können aus der Arbeit für die weitere Forschung gezogen werden? Wo sollte „further research" ansetzen?

Und Sie können die in der Einleitung gestellte(n) Frage(n) zusammenfassend beantworten oder das behandelte Problem thesenartig in einen größeren Zusammenhang einordnen.

Der Schluss ist nicht der Ort für wilde Spekulationen oder Appelle an die Menschheit, sondern der Teil einer Arbeit, dem besondere Aufmerksamkeit geschenkt werden sollte.

© Der/die Autor(en), exklusiv lizenziert an
Springer Fachmedien Wiesbaden GmbH, ein Teil von Springer Nature 2024
N. Franck, *Schreiben im Studium*,
https://doi.org/10.1007/978-3-658-45377-0_16

Titel und Umfang

Der Schlussteil muss nicht *Schluss, Fazit* oder *Bilanz* heißen. Und er sollte nicht *Schlussbetrachtung* heißen: *Betrachten* Sie die Wolken am Himmel oder den Sonnenuntergang, aber nicht die Ergebnisse Ihrer Arbeit. Sie können zum Beispiel ergänzen, was sie bilanzieren oder bewerten:

- Bilanz der Frauenförderung in Niedersachsen
- Bewertung des nationalen Emissionshandels

Und Sie können inhaltliche Aussagen treffen:

- Das „unternehmerische Selbst" – Die Ökonomisierung des Sozialen im Neoliberalismus
- Abschied von der Bildung (Schluss einer Arbeit über die Entwicklung der Hochschulpolitik in den letzten dreißig Jahren).

Es gibt keine verbindliche Regel, welchen Umfang der Schluss haben soll. Für eine Hausarbeit genügt meist eine Seite. Für eine Bachelor- oder Masterarbeit darf es wie beim Metzger „etwas mehr sein".

Die eigene Leistung hervorheben

Im Schluss wird die eigene Arbeit bilanziert. Er ist daher der Ort für eigene Worte. Zitate sollten die Ausnahme sein. Ein Zitat sollte man nur dann in den Schluss aufnehmen, wenn es die *eigenen* Ergebnisse und Überlegungen prägnant auf den Punkt bringt. Das ist in den folgenden Schlusszeilen einer schon etwas älteren Diplomarbeit misslungen:

> „Praktikable Alternativen für eine effiziente, nicht staatlich inszenierte Umweltpolitik sind denn auch nicht in Sicht: ‚Ausblicke sind keine Auswege ... Diese Arbeit bietet keine Lösung, schon gar keine Rezepte.'[346] Diesem bescheidenen Vorsatz möchte ich mich in der Hoffnung, eine Tendenz darlegen zu können, anschließen."

„Darlegen zu können" ist Schwulst und falsch – gemeint ist, *dargelegt haben zu können*. Das klingt noch scheußlicher.
Das Zitat kommt unvermittelt. Unverständlich bleibt, warum das Zitat einen „bescheidenen Vorsatz" ausdrückt.

Schließlich: Auf den letzten Seiten sollte man die eigenen Leistungen nicht schmälern: „Die vorangegangenen Ausführungen weisen auf das schwierige Unterfangen für Umweltverbände hin, Einfluss auf das politisch-administrative System zu nehmen und umweltpolitische Initiativen gesetzlich zu verankern."

Die Ausführungen *weisen* lediglich auf etwas *hin*. Das ist zu wenig. In einer Abschlussarbeit sollte *deutlich gemacht, gezeigt* oder *belegt* werden. Übersetzt man diesen Satz, wird deutlich, dass die Aussage hinter den Blähwörtern dürftig ist: „Ich habe darauf hingewiesen, dass es für Umweltverbände schwer ist, die Politik zu beeinflussen."

Umständliche Formulierungen verhindern Prägnanz; der Ich-Verzicht lässt die eigene Leistung nicht hervortreten. – Aus einer Arbeit, die im Studiengang „Öffentliches und betriebliches Umweltmanagement" geschrieben wurde:

„Als weiteres Ergebnis kann festgehalten werden, dass sich der von Krüger verfolgte Ansatz zur Untersuchung sozialökologischer Bündnisse, auf den die vorliegende Arbeit aus Gründen der Vergleichbarkeit aufgebaut [sic], aufgrund seiner fehlenden Differenzierung in inhaltliche Kooperationsbereiche als wenig geeignet erweist, um entscheidende Veränderungen in der Bündnispraxis von Gewerkschaften und NGOs adäquat darzustellen."

Im Schluss wird nicht noch einmal aufgeführt, warum man sich auf einen Ansatz stützt. Meine Überarbeitung: Ich habe zudem gezeigt, dass der Ansatz von Krüger es nicht vermag, entscheidende Veränderungen in der Bündnispraxis von Gewerkschaften und NGOs adäquat darzustellen, da eine Differenzierung inhaltlicher Bereiche für Kooperation unterbleibt.

Umständliche und missverständliche Formulierungen sind nicht nur in studentischen Arbeiten zu lesen. Die letzten Zeilen einer Humanmedizin-Dissertation:

„Dass das Impfthema auch über 140 Jahre nach Erlass des Reichsimpfgesetzes nicht an Aktualität eingebüßt hat, konnte durch einen abschließenden Diskurs über die derzeitige Diskussion zur Verschärfung des Impfrechtes gezeigt werden. Hierzu wurde die Gesetzeslage in Deutschland mit der des europäischen Auslandes verglichen und vor dem Hintergrund aktueller Infektionsraten durch Seuchenkrankheiten behandelt; hierbei standen allerdings die Masern im Fokus – da die Pocken laut WHO seit 40 Jahren weltweit als ausgerottet gelten." (Mayr 2018, 210)

Ergebnisse zählen. Im letzten Kapitel nimmt man nicht noch einmal Bezug darauf, was behandelt wurde. Und „allerdings" signalisiert, dass ein Ergebnis relativiert wird. Umständliche und missverständliche Formulierungen schmälern die Wirkung jedes Textes. Im Schlusskapitel sollten Sie solche Verdunklungen Ihrer Leistung strikt vermeiden. Formulieren Sie wirkungsstark. Zwei gelungene Beispiele:

„The results reveal new insights in the substantial dependency of current irrigation practice on unsustainable water overdraft across river systems, and show a significant impact on agricultural productivity if policy goals to safeguard EFRs would be implemented." (Jägermeyr 2017, 125)

„*I show* how administrations learned to convince parliamentarians from the center-left and the center-right of new concepts and how the new dominant discourse allowed for tax cuts for higher incomes.
(…)
The most important finding of this dissertation is that the ideational changes in the area of cognitive growth theories and academic theories of the epistemic community were not the main drivers of the paradigm shift from Keynesianism to neoliberal tax reforms." (Rademacher 2017, 167 ff. – Herv. N. F.)

Stellen Sie Ihr Licht nicht unter den Scheffel. Die letzten Seiten beeinflussen das Urteil der Leser*innen stark. Deshalb nimmt der Schluss in der Textdramaturgie eine wichtige Rolle ein. Deshalb sollten Sie am Schluss besonders sorgsam feilen.

Zusammenfassung

Der Schluss soll eine Arbeit abrunden. Und er sollte Sie ins rechte Licht rücken. Das kann gelingen, wenn Sie präzise zeigen, was Sie mit welchem Ertrag gezeigt haben.

16 Wann ist ein Abstract erforderlich und welche Anforderungen muss er erfüllen?

- Abschlussarbeiten, Dissertationen, Aufsätze in wissenschaftlichen Zeitschriften werden Abstracts vorangestellt, in denen die zentralen Inhalte einer Arbeit zusammengefasst werden. Der oder das Abstract? Wie es Ihnen gefällt. Beide Varianten sind dudenkonform.

Für Hausarbeiten ist kein Abstract erforderlich. Das Abstract einer Abschlussarbeit darf bis zu einer Seite lang sein. Das kürzeste Abstract schrieb Susan Hough 2018: „No." Es ist die Antwort auf die im Aufsatztitel gestellte Frage: *Do Large (Magnitude ≥8) Global Earthquakes Occur on Preferred Days of the Calendar Year or Lunar Cycle?*

Ein Abstract steht vor dem Inhaltsverzeichnis. Was bei Zeitschriften mittlerweile die Regel ist, wird auch häufig bei Abschlussarbeiten gefordert: ein Abstract in englischer Sprache. Wenn Sie Ihre Arbeit auf Deutsch schreiben, sollten Sie sich erkundigen, ob der Abstract deutsch und englisch verlangt wird.

Worum es geht: Aufbau

In einem Abstract werden die zentralen Inhalte einer Arbeit kurz zusammengefasst. Vor allem folgende Gesichtspunkte sind relevant:

- Problem, Forschungsstand
- Fragestellung, Ziel
- Methode
- Quellen, Material, Datengrundlage
- Ergebnis

Ein Abstract ist dann gelungen, wenn er ohne Rückgriff auf die Arbeit, die zusammengefasst wird, aussagekräftig und verständlich ist.
Zwei Beispiele. Zunächst der Abstract eines Beitrags von Thieltges und Hegelich in der *Zeitschrift für Politik* (2017, 493):

> „Die tägliche und massenhafte Nutzung von sozialen Netzwerken als Interaktionsplattform und Informationskanal hat sich inzwischen weltweit durchgesetzt. *[Das Untersuchungsfeld]*
>
> Allerdings gibt es immer öfter Versuche, Diskussionen, Neuigkeiten und ganze Kontexte mit Hilfe von (teil-)algorithmisierten Maschinen zu manipulieren. *[Das Problem]*
>
> Im Folgenden werden verschiedene Risikopotenziale erläutert und Risikoeinschätzungen vorgenommen, die sich durch diese Art der Manipulation ergeben. Dabei wird sowohl auf die netzwerkinternen und -externen Gefährdungen als auch auf Risiken für verschiedene (politische) Nutzergruppen und die gesellschaftlichen Auswirkungen von Manipulationen in sozialen Netzwerken Bezug genommen." *[Darum geht es in diesem Aufsatz: Inhalt]*

Der Abstract enthält keinen Hinweis auf die Ergebnisse der Arbeit. Anders der folgende Abstract eines Aufsatzes über den Zusammenhang von Geschlecht und Wahl des Studienfachs (Hägglund, Lörz 2020, 66):

> „Trotz der seit mehreren Jahrzehnten bestehenden geschlechtsspezifischen Unterschiede in der Studienfachwahl ist es der bisherigen Forschung nur zum Teil gelungen, die zugrundeliegenden Ursachen empirisch herauszuarbeiten und die geschlechtsspezifische Studienfachwahl vollständig zu erklären. *[Problem, Forschungsstand]*
>
> Der vorliegende Beitrag geht daher aus verschiedenen interdisziplinären Blickwinkeln der Frage nach, warum Männer und Frauen unterschiedliche Studienfächer wählen und betrachtet hierbei fünf Fächergruppen. *[Fragestellung]*
>
> Die Ergebnisse der multinominalen logistischen Regressions- und Dekompositionsanalysen zeigen, dass die geschlechtsspezifischen Unterschiede hauptsächlich aus vorgelagerten Bildungsentscheidungen und den damit zusammenhängenden Interessen- und Leistungsprofilen resultieren. Die kulturelle Zuschreibung von geschlechterkonformen Verhaltensweisen zeigt sich hierbei nicht in antizipierten Diskriminierungsprozessen, sondern in einer geschlechtsspezifischen Wahrnehmung der eigenen Fähigkeiten und der Entwicklung unterschiedlicher Berufsinteressen. Die Geschlechterunterschiede in den verschiedenen Fächergruppen sind jedoch teilweise auf unterschiedliche Ursachen zurückzuführen." *[Ergebnisse]*

Eine Fülle misslungener Abstract-Anregungen für Bachelor- und Masterarbeiten bieten kommerzielle Plattformen wie Scribber[41], BachelorPrint[42] oder Studyflix[43]. Brauchbare Hinweise finden Sie auf den Web-Seiten vieler Universitäten – zum Beispiel Mannheim[44] und Osnabrück[45].

Kurz und präzise: Stil

Die zitierten Abstracts sind im Präsens geschrieben. Das ist Abstract-Standard. Abstracts sind nicht der Ort für Prosa, vielmehr wird nur das Wichtigste kurz und präzise aufgeführt. Die ersten Zeilen des folgenden Abstracts einer Bachelorarbeit über Kunstunterricht in der Grundschule sind daher überflüssig:

„Über die Genderthematik wird in unserer westlichen Gesellschaft in regelmäßigen Abständen diskutiert und argumentiert. Sei es am Arbeitsplatz oder aktuell in Zusammenhang mit den jährlichen PISA Testungen. Angeblich zeigen sich an den Ergebnissen signifikante Leistungsunterschiede zwischen den Geschlechtern."

Der letzte – unbeholfen formulierte – Satz hätte ein sinnvoller Einstieg sein können. Doch die Autorin kann sich nicht entscheiden, was wichtig ist: Zeigen die Tests signifikante Leistungsunterschiede zwischen den Geschlechtern? Oder nur *angeblich*?[46]

Abstracts sind nicht der Ort für Selbstlob. Die letzten Zeilen des Abstracts einer Masterarbeit:

„Die in dieser Arbeit vorgebrachten innovativen und quantitativen Erkenntnisse legen nahe, dass das Potenzial der diskutierten Interventionen höhere politische Aufmerksamkeit erfahren sollte. Meine Ergebnisse können eine konkretere Diskussion zur Umsetzung der Sustainable Development Goals untermauern."

---

41 www.scribbr.de/aufbau-und-gliederung/abstract-schreiben
42 www.bachelorprint.de/aufbau-gliederung/abstract
43 studyflix.de/studientipps/abstract-schreiben-5328
44 https://www.uni-mannheim.de/media/Fakultaeten/vwl/Dokumente/Leitfaden_Abstract.pdf/flipbook
45 https://lmy.de/QCAU
46 *Tests* sind, jedenfalls sprachlich, besser als *Testungen*. Ergebnisse können Unterschiede *zeigen*, aber *an* den Ergebnissen *zeigen sich* keine signifikanten Leistungsunterschiede. Schließlich: *Über eine Thematik* wird nicht *argumentiert*.

Eine schlichtere und prägnantere Variante: Die Ergebnisse dieser Arbeit sprechen dafür, den vorgestellten Lösungen politisch mehr Aufmerksamkeit zu schenken. Die Ergebnisse können zu einer präziseren Diskussion über die Umsetzung der Sustainable Development Goals beitragen. (Oder – es ist nicht eindeutig, was der Autor meint –: Die Ergebnisse unterstreichen die Notwendigkeit, die Sustainable Development Goals umzusetzen.)

Das Personalpronomen „Ich" erleichtert es, die eigene Leistung deutlich zu machen (mehr dazu im Kapitel 13).

Zusammenfassung

Hausarbeiten kommen ohne Abstract aus. Das Abstract einer Abschlussarbeit oder Dissertation darf bis zu einer Seite lang und muss eigenständig sein: aussagekräftig und verständlich ohne Rückgriff auf die Arbeit, die zusammengefasst wird.

17 Was zeichnet ein aussagekräftiges Inhaltsverzeichnis aus?

▶ *Ein Inhaltsverzeichnis spiegelt den Aufbau einer Arbeit wider.* Es soll den Leserinnen und Lesern die Orientierung und das Nachschlagen erleichtern.

Die endgültige Gliederung einer Arbeit ergibt das Inhaltsverzeichnis. Welche Anforderungen sollte es erfüllen?

Auf den folgenden Seiten finden Sie zwei Varianten für ein Inhaltsverzeichnis einer (fiktiven) Arbeit über die beiden (ehemals großen) Volksparteien.

Dem Beispiel können Sie entnehmen, dass Sie entweder nur Ziffern verwenden oder Ziffern und Buchstaben kombinieren können. Und Sie können römische und arabische Zahlen, große, kleine und griechische Buchstaben einsetzen (oder Paragrafen – wenn dies der Konvention Ihres Faches entspricht).[47]

---

47 Siehe auch das Muster im neunten Kapitel.

1 Einleitung
1.1 Parteien in Deutschland
1.2 Volksparteien

2 CDU
2.1 Geschichte
2.1.1 Vorläuferinnen der CDU
2.1.2 Gründung der CDU
2.1.3 Entwicklung der CDU
2.2 Ziele
2.2.1 Wirtschaftspolitik
2.2.2 Sozialpolitik
2.2.3 Innenpolitik
2.2.4 Außenpolitik
2.3 Aufbau und Organisation
2.3.1 Aufbau der Partei
2.3.2 Entscheidungsstrukturen

3 SPD
3.1 Geschichte
3.1.1 Vorläuferinnen der SPD
3.1.2 Die SPD vor und nach 1945
3.1.3 Entwicklung der SPD nach 1945
3.2 Ziele
3.2.1 Wirtschaftspolitik
3.2.2 Sozialpolitik
3.2.3 Innenpolitik
3.2.4 Außenpolitik
3.3 Aufbau und Organisation
3.3.1 Aufbau der Partei
3.3.2 Entscheidungsstrukturen

4 Probleme und Perspektiven der Volksparteien
4.1 Parteienverdrossenheit
4.2 Gesellschaftliche Individualisierung und politische Bindungen

Literaturverzeichnis

A Einleitung
1 Parteien in der Bundesrepublik
2 Volksparteien

B CDU
1 Geschichte
1.1 Vorläuferinnen der CDU
1.2 Gründung der CDU
1.3 Entwicklung der CDU
2 Ziele
usw.

C SPD
1 Geschichte
1.1 Vorläuferinnen der SPD
usw.

D Probleme und Perspektiven der Volksparteien
1 Parteienverdrossenheit
2 Gesellschaftliche Individualisierung und politische Bindungen

Literaturverzeichnis

Gliederung: Nicht übertreiben

Im Text werden die Gliederungspunkte des Inhaltsverzeichnisses wiederholt. Zudem kann innerhalb eines Kapitels durch Absätze, Spiegelstriche usw. optisch gegliedert werden.

Wird diese Möglichkeit nicht genutzt, entstehen häufig überfrachtete Inhaltsverzeichnisse. Ein Beispiel:

6	Ergebnisse	223
6.1	Ausgangslage der Probanden bezüglich sprachlicher und kultureller Vielfalt	223
6.1.1	Teilnahmemotivation: Beweggründe der Studierenden zur Teilnahme (AnF 1)	223
6.1.2	Sprachliche und interkulturelle Vorerfahrungen	223
6.1.2.1	Eigene Sprachlernerfahrungen (AnF 10)	224

6.1.2.2 Erfahrungen mit sprachlich heterogenen Gruppen
im Bildungskontext (AnF 15)   224
6.1.2.3 Auslandsaufenthalte (AnF 4)   224
6.1.2.4 (Interkulturelle) Kontakte und deren Kontexte (AnF 6)   225
(Gruber 2017, unpag.)

Bis zu 4 Gliederungsziffern auf einer Seite sind ein deutlicher Hinweis auf Übergliederung.[48]
„AnF 1" gibt Rätsel auf. Die Kapitelüberschriften sollten nicht rätselhaft, sondern *aussagekräftig* formuliert werden, zum Ausdruck bringen, worum es geht. Ein Beispiel – eine Hausarbeit über den Asylkompromiss von 1993:

„...

1. Entstehung des Asylkompromisses
2. Inhalte des Asylkompromisses
3. Umsetzung und Folgen des Asylkompromisses

..."

Die Kapitelüberschriften lassen sich als Fragen lesen: Wie entstand der Asylkompromiss? Was sind die Inhalte? Wie wird er mit welchen Folgen umgesetzt?

Kapitelüberschriften: präzise statt umgangssprachlich

Kapitelüberschriften sollten *präzise* formuliert werden. Das ist in der folgenden Hausarbeit über Studiengebühren nicht gelungen:

„Einleitung

...

3   Zur Diskussion über Studiengebühren
3.1   Argumente gegen die Studiengebühren
3.1.1   Sozialverträgliche Studiengebühren gibt es nicht
3.1.2   Geld ist genug da
3.2   Flickenteppich vermeiden
3.3   Neuer Anlauf für Föderalismusreform
..."

---

48 Am Rande: „Bezüglich" ist ebenso unbeholfen wie „Ausgangslage". Geht es um Erfahrungen mit oder Einstellungen zur sprachlichen und kulturellen Vielfalt? Unklar ist, um wessen „eigene" Sprachlernerfahrungen es geht. Und was sind die „Kontexte" von „Kontakten"?

„Geld ist genug da" mag eine gute Überschrift für ein Flugblatt sein. Und in einer Diskussion kann man mit guten Gründen behaupten, dass Studiengebühren nicht sozialverträglich sind. In einer Hausarbeit sollte angemessen formuliert werden. Zwei Möglichkeiten:

3.1.1   Zur Sozialverträglichkeit von Studiengebühren
3.1.2   Studiengebühren und Finanzierung der Hochschulen

3.1.1   Sind Studiengebühren sozialverträglich?
3.1.2   Sind Studiengebühren zur Finanzierung der Hochschulen notwendig?

Einem sehr umfangreichen Inhaltsverzeichnis können Sie eine *Inhaltsübersicht* voranstellen, in der nur die Kapitel ohne Unterpunkte aufgeführt sind.

Zusammenfassung

Ein Inhaltsverzeichnis ist für die Leser*innen eine Orientierung und erleichtert ihnen das Nachschlagen – wenn es übersichtlich gegliedert sowie präzise und verständlich formuliert ist.

Was ist beim Zitieren zu beachten? 18

▸ *Werden in einer Arbeit die Befunde, Thesen oder Daten anderer herangezogen, ist dies kenntlich zu machen. Diese Nachweise – Zitate und Verweise – müssen präzise und zweckmäßig sein sowie gängigen Zitationskonventionen entsprechen. Zitate aus zweiter Hand sind nicht erste Wahl.*

Sie haben abgeschrieben und wurden erwischt: Karl-Theodor zu Guttenberg (CSU), Andreas Scheuer (CSU), Franziska Giffey (SPD) und die Bundesministerin für Bildung und Forschung, Annette Schavan (CDU).[49] Der Doktortitel war weg.

Annalena Baerbock (Bündnis 90/Die Grünen) schummelte auch: In ihrem vor der Bundestagswahl 2021 erschienenen Buch *Jetzt* hatte sie an mehreren Stellen plagiiert. Das war für ihre Kanzlerinnen-Kandidatur nicht hilfreich.

Auch wenn Sie kein Minister und nicht Kanzlerin werden wollen: Schummeln Sie nicht. Wenn Sie sich in Ihren Arbeiten auf Befunde, Ideen und Methoden anderer stützen, weisen Sie sie aus. Das ist gute wissenschaftliche Praxis. Und schützt vor unangenehmen Konsequenzen: Die Plagiatssoftware wird immer besser.

---

49 Das ist nur eine kleine Auswahl. Mehr Politiker*innen werden hier aufgeführt: www.nordbayern.de/politik/geschummelt-diese-politiker-haben-keinen-doktor-mehr-1.2675362
  Nur am Rande: Bei einer anonymen Umfrage unter Wissenschaftler*innen der Lebenswissenschaften gab ein Drittel an, bei Veröffentlichungen zu „tricksen". Zwei Drittel unterstellen Kolleg*innen, zu „schummeln", Ergebnisse zu schönen (Zöllner 2024, B 21).

Warum und wozu zitieren?

Wer nicht schummeln will, gibt Auskunft, auf wessen Befunde und welche Daten oder Erklärungsansatz usw. sich die eigene Argumentation stützt. Das ist das oberste Zitationsgebot. Warum und wozu wird noch zitiert?

1) *Zum Beleg von Daten und Fakten:* In welchen Quellen kann – zum Beispiel – die Feststellung überprüft werden, dass sich Kinder Deutschland zu wenig bewegen?

2) *Um Interpretationen und Kritiken nachvollziehen und überprüfen zu können.* Bei der Interpretation des Werks einer Autorin oder der Auseinandersetzung mit einer Theorie müssen die Autorin oder die Vertreter*innen der Theorie „zu Wort kommen".

3) *Zur Entlastung:* Man stützt sich in einer Arbeit auf die Definition eines Autors oder den Begriff einer Autorin, analysiert ein Problem aus der Sicht eines bestimmten theoretischen Ansatzes, um sich von ausführlichen Begründungen zu entlasten:
   - Ich verwende in Anlehnung an Teherani-Krönner den Begriff „Mahlzeitensicherheit" (2014, 19), der …
   - Mit Gramsci lassen sich *Bildung* und *Politik* als verwandte Praktiken verstehen (1991 ff., 1301).
   - Bezugsrahmen der Analyse im zweiten Kapitel ist Holzkamps Konzept des *expansiven Lernens* (1995).

   Ob solche Entlastungen zulässig sind, hängt vom Thema und der Arbeit ab. In einer Abschlussarbeit wird man – zum Beispiel – einen Überblick über die verschiedenen Ansätze der Wirkungsforschung geben und begründen müssen, warum der transaktionale Ansatz herangezogen wird. In einer Hausarbeit ist es legitim, darauf zu verweisen, dass dieser Ansatz in der neueren Literatur als der komplexeste gilt.

4) Um *eigene Ergebnisse* oder *Auffassungen* durch Verweise auf Arbeiten anderer zu *stützen:*
   - Zu ähnlichen Ergebnissen kommt Seidl (2015).
   - Diese Auffassung wird gestützt durch die Befunde von Otto (2023).

Zudem können Sie mit Zitaten einen *Sachverhalt anschaulich, pointiert* oder ironisch zum Ausdruck gebracht werden. Ein Beispiel[50]:

Die Fußnote ist für den Wissenschaftler eine Mehrzweckwaffe: „Einige benutzen sie als Dolch, den man dem Gegner in den Rücken jagen kann; andere als Keule, um ihn niederzuschlagen; wieder andere als Florett, um elegante Duelle auszutragen." Kontroversen, die in Fußnoten ausgetragen werden, gleichen „den Kämpfen, für deren Austragung die Streithähne kurz die Bar verlassen, um sich auf der Straße zu prügeln. In der Fußnote darf deshalb der Autor die Maske der Respektabilität fallen lassen, die er im Haupttext trägt, und sein wahres Gesicht enthüllen." (Schwanitz 2002, 461f.)

Zitate dienen nicht dem Nachweis, dass man viel gelesen hat. Häufiges Zitieren erschwert die Entwicklung *eigener* Gedanken, das Verfolgen eines *eigenen* Ziels, einer *eigenen* Fragestellung. „Sobald das Zitieren das Denken" ersetzt, heißt es in Wildenhains Roman *Das Singen der Sirenen*, verkommt der Gedanke zur „zur exegetischen Beschwörung, zu einer Form des Gebets." (2017, 75)

Viele Zitate können als Schwäche interpretiert werden: Die Autorin, der Verfasser zitiert ausgiebig, weil sie oder er es selbst nicht treffender formulieren kann.

Zitate sind kein Arbeitsersatz. Wer Zitat an Zitat reiht und nur Verbindungssätze formuliert, produziert ein Zitate-Patchwork – keine eigenständige Arbeit. Halten Sie es mit Fonck: „Im allgemeinen ist es sehr zu empfehlen, im Zitieren Maß zu halten und nicht allzu viel mit fremden Autoritäten zu operieren. Es ist aber nicht zu billigen, wenn man ganz oder fast ganz auf das Quellenzitieren verzichten will." (1908, 256)

Was zitieren und was nicht?

Zitate sollten *notwendig* sein: „Die Erde ist keine Scheibe." „Das Fernsehen ist ein Massenmedium." Beide Aussagen sind Allgemeingut geworden und werden deshalb nicht mehr belegt. Das gilt auch für die Tatsache, dass fast alles *komplex* und das Leben *kompliziert* ist. Nicht zitiert wird,

- was Teil der Allgemeinbildung ist;
- was in der Soziologie, der Volkswirtschaft oder einer anderen Wissenschaftsdisziplin als selbstverständlich vorausgesetzt werden kann;

---

50 Zitate, die länger als drei Zeilen sind, werden gewöhnlich eingerückt und in kleinerer Schrift gesetzt.

- was in Lexika steht: Wann Lessing geboren wurde, wann Marx starb, wie viele Einwohner*innen Belgien hat und wann Rom gegründet wurde (es sei denn, über das Gründungsjahr einer Stadt oder Institution gibt es eine Kontroverse);
- was trivial ist: Alle Menschen müssen sterben.

Das Leben besteht „zu achtzig Prozent aus dem Versuch, etwas zustande zu bringen und termingerecht abzuliefern." Vielleicht ist das auch Ihre Erfahrung. Diese Formulierung ist jedoch noch kein Allgemeingut und deshalb der geistige Urheber auszuweisen: Woody Allen. Ich habe ihn nach Howard S. Becker zitiert (2000, 37).

Zitate sollten zudem *zweckmäßig* sein. Prüfen Sie deshalb, ob die Textpassage das zum Ausdruck bringt, was Sie ausdrücken wollen. Enthält ein Zitat Aspekte, die nicht in Ihren Zusammenhang passen, lenken sie ab und erschweren es, Ihrer Argumentation zu folgen.

Die zitierten Quellen müssen *zuverlässig* sein. Das sind nur Originalquellen. Wer aus zweiter Hand zitiert, riskiert, Fehler zu übernehmen. Deshalb sollten Daten, Fakten, Meinungen und Definitionen aus der Originalquelle „geschöpft" werden (siehe auch Kapitel 3).

Die zitierten Quellen müssen *seriös* sein. Man belegt Aussagen nicht mit Zitaten aus der Regenbogenpresse, aus Boulevardzeitungen und ähnlichen Medien. Die Ausnahme von der Regel: Die Regenbogenpresse ist Gegenstand der Arbeit (zum Beispiel in einer Hausarbeit über „Frauenfeindlichkeit in Frauenzeitschriften" oder einer Bachelorarbeit über „Die Personalisierung gesellschaftlicher Verhältnisse in Boulevardzeitungen"). Dann sind *Freundin, Donna, Für Sie* oder *Bild* und *BZ* Primärquellen, aus denen ausführlich zitiert wird.

Nach dem ersten Semester sollten Sie nicht mehr aus Lehrbüchern oder Lexika zitieren (auch hier gilt die Ausnahme: sofern Lehrbücher oder Lexika nicht Gegenstand der Arbeit sind). Diese Quellen sind nützlich. Doch wer aus ihnen zitiert, signalisiert: Ich habe mich nicht intensiv mit dem Thema auseinandergesetzt oder hatte keine Zeit oder Lust, mich mit der Originalliteratur auseinanderzusetzen.

Schließlich: *Wikipedia* ist ein tolles Projekt – die schnelle Informationsquelle für den Alltag, aber kein Ort gesicherten Wissens, keine zuverlässige Quelle.

Korrekt zitieren

Frank-Walter Steinmeier und Ursula von der Leyen kamen wegen zahlreicher Zitierfehler in ihren Doktorarbeiten ins Gerede. Wenn Sie die folgenden 10 Regeln beachten, kann Ihnen das nicht passieren.

1. Zeichensetzung und Rechtschreibung werden beibehalten

„Die Kinder, 12 Knaben und 6 Mädchen, wurden nach einer sehr zweckmäßig eingetheilten Lebens- und Schulordnung erzogen, waren im Allgemeinen gutmüthig, nicht ohne Anlage, und machten, wenn gleich nur langsame, doch sichere Fortschritte." (Heister 1842, 116)

Aus dieser Regel folgt, dass es notwendig sein kann, unbekannte Wörter zu erläutern:

„Wo früher die gute alte Tafel noch wenigstens den persönlichen Einsatz des Vortragenden erforderte, fadisieren [langweilen – N. F.] heute die computerproduzierten seelen- und einfallslosen Präsentationsfolien den Zuleser." (Möllers 1993, 71 f.)

2. Genaue Seitenangaben

Nach einem wörtlichen oder sinngemäßen Zitat ist eine genaue Seiten- bzw. Spaltenangabe notwendig. Erstreckt sich ein Zitat in der Quelle über einen Seitenwechsel, ergänzt man die Seitenzahl, auf der das Zitat beginnt, mit einem „f." („folgende Seite" bzw. Spalte). Werden drei Seiten *paraphrasiert*, wird dies mit „ff." kenntlich gemacht („und die folgenden Seiten/Spalten"). Bei mehr als drei Seiten kann man Anfang und Ende nennen: „S. 135–140".

3. Fehler im Zitat

Sowohl orthografische als auch sachliche Fehler kennzeichnet man mit dem Wörtchen „sic" (so), das in eckigen Klammern direkt hinter das betreffende Wort geschrieben wird:

- „Der Erfolg studentisches Schreiben [sic] hängt dabei stets auch von der Eigenmotivation der Studierenden ab, so muss einerseits die Bedeutung des Schreibens für alle Zwecke des wissenschaftlichen Arbeitens wie auch für die berufliche Zukunft betont werden." (Cronqvist 2018, 45 f.)
- Haas dagegen betont: „Die Revolution von 1798 [sic!] war für Frankreich …" (2018, 123).

Das Ausrufezeichen ist Geschmackssache.

4. Zitat im Zitat

Ein Zitat in einem Zitat wird in einfache Anführungszeichen (‚…') gesetzt: „Die Gefahren des von Feuer empfohlenen ‚spekulativen' Ansatzes, bei dem der Theoretiker einfach versucht, die möglichen Implikationen …" (Morley 1999, 293)

Das zitierte *spekulativ* im Zitat vom Morley wird nicht durch einen Quellenhinweis belegt.

5. Zitate aus zweiter Hand

Zitate aus zweiter Hand sind nur zweite Wahl. Sie werden mit „zit. n." (zitiert nach) ausgewiesen. Zuerst wird der Autor des Originaltexts genannt, dann die Quelle, aus der das Zitat übernommen wurde:

> „Niemand, der sich an den Schreibtisch setzt, schüttelt, was er niederschreibt, aus dem Ärmel. Wir fangen nicht am Nullpunkt an, sondern stützen uns auf die, die vor uns da waren. Wir könnten unsere Arbeit nicht tun, wenn wir uns nicht ihre Methoden, ihre Befunde und ihre Ideen zunutze machten." (Becker 2000 zit. n. Franck 2024, 134)

Die Originalquelle wird nicht ins Literaturverzeichnis aufgenommen.

6. Fremdsprachige Literatur

Zitiert man aus dem Englischen, ist eine Übersetzung nicht erforderlich. Zitate in einer anderen Fremdsprache müssen übersetzt werden. Die Ausnahme von der Regel: Man studiert Französisch oder eine andere Sprache und zitiert Literatur in dieser Sprache.

Übersetzungen werden gekennzeichnet:

- entweder nach dem ersten Zitat: „Dieses und die folgenden Zitate aus dem Schwedischen übersetzt vom Autor."
- oder in jedem Beleg: „Dahlgren 2024, 15 – Übersetzung N. F."

7. Ergänzungen

Erläuterungen werden in Klammern gesetzt und durch den Vermerk „d. Verf." oder Initialen ergänzt:

> „Wir können diesen ‚Sarden' (Antonio Gramsci – N. F.) nicht aus seiner spezifischen und einzigartigen politischen Formation herausreißen, ihn am Ende des 20. Jahrhunderts hinunterbeamen und von ihm verlangen, dass er unsere Probleme für uns löst: zumal die ganze Stoßrichtung seines Denkens darin bestand, diese einfache Übertragung von Verallgemeinerungen von einer Konjunktur, Nation oder Epoche auf eine andere abzulehnen." (Hall 1987, S. 16)

Bei Umstellungen und Anpassungen ist ein solcher Zusatz nicht notwendig.

Original: „Wenn Kapitalismus – unabhängig davon, ob private, genossenschaftliche oder öffentliche Eigner dominieren – als die Vorherrschaft des Renditekalküls über Gemeinwohlbelange verstanden wird, dann ist er in seiner gegenwärtigen Ausprägung schwerlich zukunftsfähig." (Luks 2008, 113)

Umstellung: Luks betont, der Kapitalismus sei „als die Vorherrschaft des Renditekalküls über Gemeinwohlbelange ... in seiner gegenwärtigen Ausprägung schwerlich zukunftsfähig" (2008, 113).

8. Hervorhebungen
Hervorhebungen in der zitierten Quelle werden beibehalten. Sie müssen nicht ausgewiesen werden. Heben Sie selbst in einem Zitat eine Textstelle hervor, müssen Sie das kennzeichnen:

Das Heiratsalter begann in dem Moment zu sinken, „in dem die Erfahrung einer physischeren Liebe gemacht wird, also Mitte des 19. Jahrhunderts. Das ist kein Zufall. Als *Antwort auf das neue sexuelle Verlangen* mußte die Heirat früher angesetzt werden." (Kaufmann 1996, 33, Herv. NF)

9. Auslassungen
Auslassungen im Satz werden durch drei Punkte gekennzeichnet; sie dürfen nicht den Sinn eines Textes verändern:

„Auslassungen im Satz werden durch drei Punkte gekennzeichnet; sie dürfen nicht den Sinn ... verändern" (Franck 2024, 135).

Bei Auslassungen am *Satzende oder Satzanfang haben Sie zwei Möglichkeiten:*

„Auslassungen im Satz werden durch drei Punkte gekennzeichnet ...". (Franck 2024, 135)

„Auslassungen im Satz werden durch drei Punkte gekennzeichnet" (Franck 2024, 135).

Werden mehrere Sätze zitiert und dabei ein *Satz* oder mehrere Sätze ausgelassen, weist man dies durch drei Punkte in Klammern aus:

„Wie viele Schriften zitiert man? Wird eine Ansicht, auf die man sich beruft, von vielen geteilt, hat man eine Auswahl zu treffen. (...) Wer zuviel zitiert, dokumentiert damit, daß er nicht in der Lage ist, Wichtiges von Unwichtigem zu trennen." (Dichtl 1995, 18)

10. *Nur ein Punkt am Satzende*
Einen Satz kann man nur einmal beenden. Also nicht: „... zu trennen." (Dichtl 1995, 18).

Paraphrasieren und verweisen

Wenn eine Textpassage nicht wörtlich, sondern sinngemäß in eigenen Worten wiedergegeben wird, muss der Nachweis ebenfalls exakt sein. Exakt heißt beim *Paraphrasieren:* Die Wiedergabe in eigenen Worten darf nicht zu Sinnverschiebungen führen.

Möchte man lange wörtliche Zitate vermeiden, wichtige Begriffe oder markante Formulierungen jedoch im Original anführen will, kombiniert man sinngemäßes und wörtliches Zitieren: Gründlichkeit und Genauigkeit, zwei Merkmale wissenschaftlichen Arbeitens, sind keine „bloß formalen" Anforderungen. Ein Beispiel: Um Quellen überprüfen zu können, müssen sie korrekt ausgewiesen werden. „Die Form hat also eine Funktion." (Rost/Stary 2013, 173)

Verweise können in zwei Formen vorgenommen werden:

- Gramscis Konzepte waren in den letzten Jahrzehnten von zentraler Bedeutung für die kritische Analyse kapitalistischer Gesellschaftsformationen (vgl. Hall 1986 und 1989; Hirsch 2005; Demirović 2012 und Opratko 2018).
- Zur Diskussion des Funktionsbegriffs siehe Luhmann (1964) und Merton (1967). Zur funktionalen Analyse von Kommunikation siehe vor allem Lasswell (1948) sowie Wright (1960).

Das „vgl." verweist auf Quellen, die die Aussage belegen. Das „siehe" ist Wissensnachweis und Service zugleich. Ich (die Autorin) kenne die Diskussion. Sie (der Leser) können sich in der angegebenen Literatur sachkundig machen.

Solche Verweise sind sinnvoll, wenn man sich mit einem bestimmten Themenaspekt nicht *näher* auseinandersetzt, weil er für das Ziel, das man mit der Arbeit verfolgt, nebensächlich ist. Und solche Verweise sind sinnvoll, um die eigene Auffassung, die eigenen Ergebnisse auf andere Arbeiten zu beziehen – zum Beispiel so:

- zu ähnlichen Schlussfolgerungen kommen Decker, Brähler (2020) (oder: „siehe auch ..."),
- dieser Auffassung widerspricht den Thesen von Decker, Brähler (2020).

Zusammenfassung

Das erste Zitationsgebot lautet: Gib Auskunft, auf welche Befunde und Daten oder Erklärungsansätze Du Deine Arbeit stützt. Zitate und Verweise müssen präzise, zweckmäßig und notwendig sein, die zitierten Quellen zuverlässig und seriös. Hervorhebungen, Ergänzungen und Auslassungen in Zitaten werden ausgewiesen und dürfen den Sinn eines Textes nicht verändern.

Was sind präzise Quellenangaben und wie wird ein Literaturverzeichnis geordnet? 19

▶ *In jeder Arbeit sind die verwendeten Quellen zu belegen.* Quellenangaben müssen so präzise sein, dass sie es ermöglichen, die Quellen zu finden.
Im Literaturverzeichnis werden die Quellen geordnet aufgeführt, die für die Arbeit herangezogen wurden. Nicht mehr und nicht weniger.

Wissenschaftliche Arbeiten unterscheiden sich von anderen Texten vor allem dadurch, dass sie auf andere wissenschaftliche Arbeiten Bezug nehmen. Das ist wichtig, denn niemand forscht in einem luftleeren Raum. Vielmehr knüpfen auch Sie in Ihrer Arbeit an einen bestehenden Diskurs an, den Sie aufgreifen und in den Sie Ihre eigene Forschung einbetten. Alle von Ihnen verwendeten Quellen müssen Sie ... belegen" (Prexl 2019, 86).

Welche *Form* eine präzise Quellenangabe haben muss, ist nicht *allgemein* verbindlich festgelegt. Das Deutsche Institut für Normung hat mit der Norm ISO 690 (vom Oktober 2013) Standards für Quellenangaben entwickelt. Doch kaum jemand beachtet diese Richtlinien.
Die folgenden Hinweise ermöglichen präzise Quellenangaben. Sie sind nützlich – nicht verbindlich. Ich rate Ihnen zu prüfen, ob diese Anregungen sich mit den Richtlinien Ihres Fachbereichs, den Erwartungen Ihres Betreuers oder Ihrer Betreuerin decken.

© Der/die Autor(en), exklusiv lizenziert an
Springer Fachmedien Wiesbaden GmbH, ein Teil von Springer Nature 2024
N. Franck, *Schreiben im Studium*,
https://doi.org/10.1007/978-3-658-45377-0_20

Präzise sein: Quellenangaben

1. Bücher

Eine *vollständige* Titelangabe enthält folgende Angaben:

1) Name und Vorname der Autorin oder des Herausgebers
2) Sachtitel
3) Nähere Angaben zur Ausgabe bzw. Bandangabe
4) Erscheinungsort(e)
5) Verlag
6) Erscheinungsjahr
7) Reihenbezeichnung

Heitmeyer, Wilhelm: Autoritäre Versuchungen. Berlin: Suhrkamp 2018 (Signaturen der Bedrohung I)

In diesem Beispiel sind keine näheren Angaben zur Ausgabe (zum Beispiel „3. Auflage") erforderlich, da es sich um eine Erstausgabe handelt.

Angaben über den Verlag und die Reihenbezeichnung sind keine Pflicht. Der Vorname kann abgekürzt und der Sachtitel *kursiv* gesetzt werden:

Prexl, L.: *Mit digitalen Quellen arbeiten.* 3. Aufl. Paderborn 2019

Nähere Angaben zur Ausgabe bzw. zum Band werden in der Regel abgekürzt, die Namen mehrerer Autoren durch ein Semikolon getrennt:

Wehler, Hans-Ulrich: Vom Beginn des Ersten Weltkriegs bis zur Gründung der beiden deutschen Staaten 1914–1949. Deutsche Gesellschaftsgeschichte Bd. 4. 3. Aufl. München: C. H. Beck 2008

Held, Jutta; Schneider, Norbert: Grundzüge der Kunstwissenschaft. Gegenstandsbereiche – Institutionen – Problemfelder. Köln, Weimar, Wien: Böhlau Verlag 2007

Hat man sich – wie in diesem Buch – für Kurzbelege im Text entschieden, wird im Literaturverzeichnis das Erscheinungsjahr hinter den Namen der Autor*innen gesetzt:

Franck, Norbert 2021: Das Promotionshandbuch. 2. Aufl. Paderborn: Schöningh

Ist der Verlagsort nicht angegeben, wird dies durch „o. O." (= ohne Ort) ausgewiesen. Kennt man den Erscheinungsort, fügt man ihn in eckigen Klammern hinzu. Ist das Erscheinungsjahr nicht ausgewiesen, verfährt man analog: „o. J." (ohne Jahr). Ist bekannt, wann (ungefähr) der Text erstmals veröffentlicht wurde, wird ergänzt: [1997] oder [um 1997]:

Arbeitsgruppe Pädagogisches Museum (Hrsg.): Ich bin kein Berliner. Minderheiten in der Schule. o. O. [Berlin], o. J. [1987]

Bei Veröffentlichungen von *mehr als drei Personen* wird meist nur die oder der zuerst im Titel genannte Autorin oder Herausgeber angegeben und um den Zusatz „und andere" (u. a.) ergänzt:

Alexy, Lennart u.a: Das Rechtslexikon. Begriffe, Grundlagen, Zusammenhänge. 2. Aufl. Bonn: Dietz-Verlag 2024

Bei *Festschriften* wird der Anlass der Veröffentlichung mit angegeben:

Reimer-Gordinskaya, Katrin; Zander, Michael (Hrsg.): Krise und Kritik (in) der Psychologie. Festschrift für Wolfgang Maiers. Hamburg: Argument Verlag 2018

Zitieren Sie aus einem E-Book, fügen Sie am Ende in Klammern E-Book hinzu:

Franck, Norbert: Praxishandbuch Kommunikative Kompetenz. Weinheim, Basel: Beltz Juventa 2019 [E-Book]

Hat ein E-Book keine Seitenzahlen, verweisen Sie auf die Kapitelüberschrift, um das Auffinden Ihres Zitats zu erleichtern.

Ein Sonderfall sind Bücher wie der *Duden* oder der ehemalige *Fischer Weltalmanach*, die vor allem unter ihrem Titel bekannt sind (und für die höchst komplizierte und umfangreiche Angaben zur Urheberschaft notwendig wären). Sie können unter dem Titel ausgewiesen werden:

Der neue Fischer Weltalmanach 2019. Frankfurt/Main: Fischer 2018

2. Aufsätze

Bücher sind „selbstständige" Schriften. Aufsätze werden als „unselbstständige" Schriften bezeichnet. Die Literaturangabe muss den Weg zur selbstständigen Schrift zeigen, die in Bibliothekskatalogen erfasst ist. Folgende Angaben sind erforderlich:

1) Autorin/Autor
2) Aufsatztitel
3) „In:"
4) Angaben zur selbstständigen Quelle
5) Ausgabe und Erscheinungsjahr
6) Seiten- bzw. Spaltenangaben

Zeitschrift
Otto, Anne: Ich bin mehr als die Krisen, die hinter mir liegen. In: Psychologie Heute 51 (2024) 3, S. 12–23

Der Aufsatz erschien 2024 im Heft 3 der Zeitschrift *Psychologie Heute*. 51 ist die Jahrgangsangabe.
Ist der Jahrgang nicht bekannt:

Franck, Norbert: Nein sagen lernen. managerSeminare. H. 237, 12/2017, S. 82–88

Zeitung
Hurtz, Simon; Kunkel, Christiana: Bye-bye iAuto. In: Süddeutsche Zeitung Nr. 50 vom 29.2.2024, S. 15

Sammelband
Natascha Khakpour: Die Schule als Terrain des Ringens um Hegemonie. In: María do Mar Castro Varela, Natascha Khakpour, Jan Niggemann (Hrsg.): Hegemonie bilden. Pädagogische Anschlüsse an Antonio Gramsci. Weinheim, Basel: Beltz Juventa 2023, S. 222–239

Zeitschriften-Sonderhefte, die nicht regelmäßig erscheinen, werden wie Sammelwerke zitiert:

Dewe, Bernd; Radtke, Frank-Olaf: Was wissen Pädagogen über ihr Können? Professionstheoretische Überlegungen zum Theorie-Praxis-Problem in der

Pädagogik. In: Jürgen Oelkers, H.-Elmar Tenorth (Hrsg.): Pädagogisches Wissen. Weinheim: Beltz, 1991 (Zeitschrift für Pädagogik, 27. Beiheft), S. 143–162

3. Web-Dokumente

Webseiten werden analog zu Aufsätzen aus Sammelwerken oder Zeitschriften nachgewiesen. Der Ort wird zur Adresse, Seitenangaben entfallen.

Wichtig ist das Datum des Zugriffs: Web-Adressen ändern sich und Dokumente werden ausgetauscht, was zu den bekannten unerfreulichen Fehlermeldungen führt. Die Angabe des Zugriffsdatums ist die Versicherung: „An diesem Tag wurde in dieser Quelle jenes ausgesagt."

1) Autorin/Autor
2) Titel des Dokuments
3) Datum der Einstellung
4) Adresse (Uniform Resource Locator; URL)
5) Datum des Aufrufs der Webseite

Franck, Norbert: Power-Point-Präsentationen: Viel Folie um nichts. 17.5.2010. www.sueddeutsche.de/karriere/power-point-praesentationen-viel-folie-um-nichts-1.211342 (2.12.2023)

Ähnlich zitiert man Dokumente, die man im Internet gefunden hat, die jedoch auch anderswo – zum Beispiel in einer Zeitung oder als graue Literatur – erschienen sind:

Hörter, Michael: Das ambivalente Konfliktverhalten islamischer Bewegungen. Ein Vergleich zwischen den Khudai Khidmatgars und der Hamas. Tübingen 2007 (Tübinger Arbeitspapiere zur internationalen Politik und Friedens- und Konfliktforschung 50) publikationen.uni-tuebingen.de/xmlui/bitstream/handle/10900/47540/pdf/tap50.pdf?sequence (2.6.2024)

4. Social Media: Facebook, Twitter, Blogs und Internetforen

Wenn Sie Social Media-Quellen nutzen, sind Sie gefordert, Spreu von Weizen zu trennen. So werden diese Quellen ausgewiesen:

Blogeinträge
1) [User-]Name
2) Jahr
3) Titel
4) [Blogeintrag]
5) Datum
6) URL
7) Zugriffsdatum

Baller, Heike: Wie zitiere ich korrekt aus Social Media? Blockeintrag vom 7.3.2014. www.kerstin-hoffmann.de/pr-doktor/wie-zitiere-ich-korrekt-aus-social-media/ (12.3.2024)

Internetforen
1) Name (oder Pseudonym]
2) Jahr
3) Titel
4) [Beitrag]
5) Datum
6) Forum
7) URL
8) Zugriffsdatum

Sonnenblume02: Cannabis indica C30 – wie oft einnehmen? Onlineforum-Beitrag vom 21.8.2018. natur-forum.de/forum/viewtopic.php?f=36&t=21741 (15.4.2024)

X
1) Name
2) Jahr
3) Die ersten Worte des Tweets
4) [Tweet]
5) Datum
6) URL
7) Zugriffsdatum

Keine Mehrheit für das EU-#Lieferkettengesetz – die @FDP blockiert u. die BuReg enthält sich. Tweet vom 28.8.2018. twitter.com/bund_net/status/1762843915399409743 (1.3.2024)

Facebook
1) Name
2) Jahr
3) Titel (oder erster Satz)
4) [Post]
5) Datum
6) URL
7) Zugriffsdatum

Roth, Claudia: Die Zukunft des Films ist nachhaltig. Post vom 15. 2. 2024. facebook.com/search/top?q=claudia%20roth (4. 3. 2024)

YouTube & Co
Wenn Sie über Influencer*innen oder andere *YouTube*-Stars und Sternchen schreiben, sollten Sie starke Nerven haben, um die angebotenen Niveau-Unterschreitungen auszuhalten – und diese Quellen wie folgt ausweisen:

1) (Fantasie-)Name
2) Jahr
3) Titel
4) „Ort"
5) Veröffentlichungsdatum
6) URL
7) Abrufdatum

BodyLaw: Doktorarbeit/Promotion – Thema finden – Jura/Rechtswissenschaften. *YouTube*. Veröffentlicht am 26. 8. 2016. www.youtube.com/watch?v=p3wHmDzlU-I (9. 4. 2024)

Ebenso werden die Videobotschaften aus dem Kanzleramt oder Video-Podcasts von Minister*innen ausgewiesen:

Habeck, Robert 2024: Vorstellung des Jahreswirtschaftsberichts. Veröffentlicht am 21. 2. 2024. www.bmwk.de/Redaktion/DE/Videos/2024-some/240221-bm-jahreswirtschaftsbericht/video.html (22. 2. 2024)

Achten Sie darauf, wenn Sie Ihre Arbeit in einer Printversion vorlegen, dass die Links nicht aktiviert (also unterstrichen und farbig) sind. In E-Versionen sind aktivierte Links zwar nicht schön, aber sinnvoll.

5. Briefe

Veröffentlichte Briefe werden wie Aufsätze ausgewiesen. Die Besonderheit: Es werden der Empfänger und das Briefdatum angegeben.

Mann, Heinrich: Brief an Thomas Mann vom 25. Mai 1939. In: Thomas Mann. Heinrich Mann – Briefwechsel 1900 bis 1949. Hrsg. v. Hans Wysling. 2. Aufl. Frankfurt/Main: Fischer 1995, S. 184–186

Bei unveröffentlichten Briefen ist vor allem eine präzise Angabe des Fundorts (zum Beispiel des Archivs) wichtig. Hat man für eine Arbeit über Politik und Moral Annalena Baerbock und andere Politikerinnen und Politiker um eine Stellungnahme gebeten und eine Antwort erhalten, empfiehlt sich, eine gesonderte Rubrik im Literaturverzeichnis anzulegen (zum Beispiel: „Schriftliche Stellungnahmen von Politiker*innen – im Besitz der Verfasserin"). Dann kann die Quellenangabe kurz ausfallen:

Baerbock, Annalena: Brief vom 1.4.2024
Merz, Friedrich: Brief vom 11.11.2023

Eine E-Mail mit Betreff wird wie folgt zitiert:

Scheuer, Andreas: Re: Politik und Moral. E-Mail vom 7.7.2024

6. Graue Literatur

Kongressreader, Arbeitspapiere, Forschungsberichte usw. sind vielfach die interessantesten Quellen, Medien der Erstveröffentlichung neuer Forschungsergebnisse oder innovativer Konzepte. Bei diesen Quellen ist es besonders wichtig, dass die *Bezugsquelle* eindeutig angegeben wird:

Matuscheck, Katrin; Lange, Valerie 2018: Engagement im digitalen Zeitalter. Bonn: Friedrich-Ebert-Stiftung

8. Hochschulschriften

Dissertationen und Habilitationsschriften zählen, sofern sie nicht als Buch veröffentlicht wurden, auch zur grauen Literatur. Deshalb ist eindeutig auszuweisen, wo sie erschienen sind.

1) Nachname, Vorname
2) Titel
3) Ort
4) Hochschule
5) Fachbereich bzw. Fakultät
6) Nähere Bezeichnung der Arbeit (Diss., Habil-Schr.)
7) Erscheinungsjahr

Mayr, Patrick Tassilo: Die Impfgegnerschaft in Hessen – Motivationen und Netzwerk (1874–1914). Marburg: Philipps-Universität, Fachbereich Medizin. Diss. Marburg 2018

9. TV und Radio

TV- und Radiosendungen, die in der Mediathek der Sender zu finden sind, werden wie folgt belegt:

Albath, Maike: Für den Krieg und gegen die Frauen. Deutschlandfunk vom 20.2.2024. www.deutschlandfunk.de/20-02-1909-filippo-tommaso-marinetti-veroeffentlicht-das-futuristische-manifest-dlf-f1904578-100.html (24.5.2024)

10. Audiovisuelle Offline-Medien

Filme, CDs, DVDs und Schallplatten sind selbstständige Quellen und werden daher wie Bücher zitiert. Wie umfangreich zum Beispiel der Beleg einer Schallplatte ausfällt, hängt vom Kontext und Zweck der Arbeit ab. Für eine Arbeit über Absatzchancen von CDs im Fach Betriebswirtschaft mag genügen:

Dylan, Bob 2020: Rough and Rowdy Ways. Gütersloh: Sony Music

In einer musikwissenschaftlichen Arbeit sind mehr Angaben notwendig. Ob es allerdings immer – wie in DIN 1505, Teil 4 vorgeschlagen wird – eine so umfangreiche Quellenangabe sein muss, ist eher unwahrscheinlich.

Verdi, Guiseppe [Komponist]; Muti, Ricardo [Dir.]; Arroyo, Martina [Sopr.]; Domingo, Placido [Tenor]; Cappuccilli, Piero [Bar.]: Ein Maskenball = un ballo in maschera/Verdi; Arroyo; Domingo; Cappuccilli; Cossotto; Grist; Chorus of the Royal Opera House, Covent Garden; New Philharmonic Orchestra; Ricardo Muti. Köln: Electrola, 1975. – 3 Schallpl. in Kassette; 33UpM; 30 cm + Beih.

Ob es auf den Komponisten, die Sängerin, das Orchester oder den Dirigenten ankommt, sollte in Abhängigkeit vom Gegenstand der Arbeit und dem Zweck der Quelle entschieden werden. Das gilt auch für Formatangaben wie *33UpM; 30 cm*. Wenn es um die Inhalte einer Quelle geht, kann darauf ebenso verzichtet werden wie auf den Hinweis zur Verpackung und das Beiheft.

Es gibt noch viele Quellen, die für wissenschaftliche Arbeiten herangezogen werden können – zum Beispiel Loseblattsammlungen, Gesetze und Urteile, Werke der bildenden Kunst, Computerprogramme, elektronische Datenbanken und Theateraufführungen, Flugblätter, Bedienungsanleitungen.

Es ist nicht sinnvoll, auf alle möglichen Quellen einzugehen. Zum einen deshalb nicht, weil es zahlreiche fachspezifische Konventionen gibt. Zum anderen kommen viele Quellenarten zu selten vor, um für alle Fälle Regeln aufzustellen.[51]

Worauf kommt es vor allem an? Nehmen Sie die Perspektive der Lesenden ein: Welche Angaben ermöglichen es ihnen, die Quelle zu ermitteln (bei Konzerten, Ausstellungen und anderen Ereignissen, die nicht festgehalten wurden, Informationen über diese „Quellen" zu ermitteln)?

Für Quellen in englischer Sprache können Sie folgende Abkürzungen verwenden:

- Ed. (Editor), Eds. (Editors)
- ed. (edition)
- 2nd ed. (second edition)
- p. (page), pp. (pages)
- vol. (Volume), Vols. (Volumes)

---

51 Die Hochschule Neu-Ulm bietet Videotutorials zu speziellen Zitationsfragen an: https://www.hnu.de/hochschule/einrichtungen-und-service/bibliothek/wissenschaftliches-arbeiten/videotutorials Siehe auch das Handbuch der Rechtsförmlichkeit zur Zitation von Rechtsvorschriften: https://hdr.bmj.de/page_b.3.html#an_196

Machen Sie diese Angaben auf Deutsch, wenn Sie Ihre Arbeit auf Deutsch schreiben. Wenn Sie auf Englisch schreiben, sollten Sie „Seite" oder „Band" ins Englische übersetzen.

Ordnung muss sein: Literaturverzeichnis

Ein Literaturverzeichnis ist sinnvolle Pflicht: Es gibt einen Überblick über die verarbeitete Literatur und damit die Möglichkeit zu prüfen: Wurde die wichtige bzw. aktuelle Literatur berücksichtigt?

Ein Literaturverzeichnis enthält die Quellen und Literatur, die in einer Arbeit angeführt wurden. Nicht mehr und nicht weniger.

Nicht weniger: Aufgeführt werden alle Veröffentlichungen, aus denen wörtlich oder sinngemäß zitiert und auf die verwiesen wurde. Wer Quellen verschweigt, schummelt. *Nicht mehr:* Wer mehr Literatur anführt, um den Eindruck zu erwecken, besonders belesen zu sein, täuscht die Leserin und den Prüfer. – Beides kann unangenehme Folgen haben.

Die Ordnung eines Literaturverzeichnisses ist von Fach zu Fach unterschiedlich. In den Rechts-, Geschichts- und Literaturwissenschaften werden „Quellen" (zum Beispiel Gesetze oder die Werke einer Schriftstellerin) und (Sekundär-)„Literatur" unterschieden. Die Quellen werden zum Teil weiter unterteilt – beispielsweise nach dem Kriterium veröffentlicht/unveröffentlicht.

In anderen Disziplinen werden alle Quellen alphabetisch geordnet. Was ist dabei zu beachten?

Hat man sich für die angloamerikanische Zitierweise entschieden, wird die Jahreszahl direkt hinter die Autorenangabe gestellt.

Titel, die eine Autorin allein verfasst hat, führt man vor Veröffentlichungen auf, die mit anderen geschrieben oder herausgegeben wurden.

Zitiert man mehrere Veröffentlichungen eines Autors aus demselben Jahr, wird die Jahreszahl im Kurzbeleg und im Literaturverzeichnis um einen Buchstaben ergänzt:

Franck, Norbert 2023: Wissenschaft gekonnt präsentieren. Paderborn: Schöningh
Franck, Norbert 2023a: Praxishandbuch für Referent*innen. Wiesbaden: Springer VS

Nach der ersten Nennung kann der Name auch durch *Ders.* (oder *ders.*) bzw. *Dies. (dies.)* ersetzt werden.

Präfixe – *de* (Gaulle, Maizière), *Mc*(Ewan) oder *O'*(Neil) – sind Teil des Familiennamens. *Adelstitel* werden nicht als Bestandteil des Familiennamens behandelt:

McEwan, Ian 2016: Nussschale. Zürich: Diogenes
Lampedusa, Giuseppe Tomasi di 1958: Il Gattopardo ...

Bei Künstlern, Theologinnen, König*innen usw. aus der Antike oder dem Mittelalter wird der bekannteste Teil des Namens zum Ordnungswort:

Erasmus von Rotterdam
Michelangelo, Buonarroti
Thomas von Aquin

Akademische Titel, Amts- und Berufsbezeichnungen führt man nicht auf.

Bei Körperschaftsnamen werden Artikel nicht berücksichtigt: *Das Bundesministerium des Innern* wird unter „B" eingeordnet.

Anonyme Veröffentlichungen werden nach dem Sachtitel geordnet, wobei der Anfangsbuchstabe des ersten Wortes ausschlaggebend ist: „Das Lieferkettengesetz ist kein Bürokratiemonster" wird unter D aufgeführt.

Die gängigste Form der Gestaltung ist – wie in diesem Buch – die Einrückung der zweiten und der folgenden Zeilen (in *Word*-Deutsch: „hängend").

Zusammenfassung

Wer hat was wann und wo veröffentlicht? Antworten auf diese Fragen ergeben präzise Quellenangaben. Ein Literaturverzeichnis ist sinnvolle Pflicht. Es ermöglicht zu prüfen, ob die für ein Thema wichtige Literatur verarbeitet wurde.

20 Was kommt in den Anhang und welche Verzeichnisse sind Pflicht?

▶ *Der Anhang ist der Ort, an dem die Daten, Fakten oder Quellen angeführt werden, die für das Verständnis eines Textes notwendig sind oder Aussagen belegen. Er steht nach dem Literaturverzeichnis.*

Abkürzungs-, Abbildungs- und Tabellenverzeichnis erleichtern den Leser*innen die Orientierung. Diese Verzeichnisse werden nach dem Inhaltsverzeichnis platziert.

Sind für die kommunikationswissenschaftliche Analyse einer Talkshow alle Gäste und Themen (eines bestimmten Zeitraums) wichtig, ist es sinnvoll, im Anhang die Personen und Themen der Talkshow aufzuführen. Stöbert man bei der Recherche über die sogenannte Spiegel-Affäre auf bisher unbekannte Briefe des damaligen Verteidigungsministers Franz-Josef Strauß, ist der Anhang der Ort, um diese Briefe zu dokumentieren.

Schatzkammer, nicht Rumpelkammer: Anhang

Allgemeiner: Im Anhang werden die Daten, Fakten und Quellen angeführt, die für das Verständnis eines Textes *notwendig* sind oder Aussagen belegen, jedoch zu umfangreich sind, um vollständig in den Text integriert zu werden. Zum Beispiel:

- der Text des Fragebogens, auf dem eine Untersuchung basiert,
- die Filmografie einer Regisseurin oder eines Schauspielers,
- das Beobachtungsprotokoll einer Unterrichtsstunde,
- der Wortlaut der Instruktionen, die Versuchspersonen erhielten,
- Tabellen mit Messwerten,

- schwer zugängliche Quellen, auf die in der Arbeit häufig Bezug genommen wird,
- das Wortprotokoll einer Landtagssitzung, die analysiert wird,
- der Wortlaut von Interviews.

Solche Daten, Fakten, Quellen, Transkriptionen usw. werden im Anhang platziert, wenn sie so umfangreich sind, dass sie die Lektüre des Hauptteils erschweren würden. Diese Auslagerung ist allerdings nur dann sinnvoll, wenn sie tatsächlich das Lesen erleichtert. Es ist keine Erleichterung, wenn die Leserinnen häufig im Anhang nachschlagen müssen. Deshalb sind im laufenden Text die Daten und Fakten, die im Anhang stehen, so zusammenzufassen, dass die Leser nur gelegentlich im Anhang nachschlagen müssen.

Der Anhang ist keine Deponie für Materialien, die für die Erarbeitung eines Themas wichtig waren, für seine Darstellung aber nicht erforderlich sind. Er ist auch kein Ort für Exkurse, die Befriedigung eines Mitteilungsbedürfnisses oder den Nachweis, was man alles weiß.

Und er ist keine *Anlage*. Anlagen sind Ergänzungen, die nicht in den Anhang aufgenommen werden können: Medien (z.B. eine CD-ROM) oder Materialien (z.B. Zeichnungen oder Entwürfe). Auch für Anlagen gilt: Sie müssen für das Verständnis einer Arbeit wichtig sein.

Der Anhang steht nach dem Literaturverzeichnis. Er erhält keine Gliederungsziffer, die Seitenzählung wird fortgesetzt. Besteht ein Anhang aus mehreren Teilen, gliedert man ihn nach *inhaltlichen* Kriterien. Diese Gliederung sollte auch im Inhaltsverzeichnis aufgeführt werden. Zwei Muster (die Form ist nicht verbindlich):

7	Ausblick: Die Zukunft kleiner Parteien	189
	Literaturverzeichnis	201
	Anhang A: Befunde der Kleinparteienforschung	205
1	Nationale Studien über Kleinparteien	205
2	Ländervergleichende Studien über Parteien innerhalb einer „Kleinparteienfamilie"	209
3	Nationale Studien über Parteien aus mehr als einer „Kleinparteienfamilie"	210
	Anhang B: Verzeichnis der Gesprächspartner	211
1	Deutsche Repräsentanten von Kleinparteien	211
2	Britische Repräsentanten von Kleinparteien	212
...		

Literaturverzeichnis 201

Anhang I: Befunde der Kleinparteienforschung 205
I.1 Nationale Studien über Kleinparteien 205
I.2 Ländervergleichende Studien über Parteien innerhalb
    einer „Kleinparteienfamilie" 209
I.3 Nationale Studien über Parteien aus mehr als einer „Kleinparteienfamilie" 210

Anhang II: Verzeichnis der Gesprächspartner 211
II.1 Deutsche Repräsentanten von Kleinparteien 211
II.2 Britische Repräsentanten von Kleinparteien 212
...

Orientierung und Verständnishilfe: Verzeichnisse

Enthält Ihre Arbeit zahlreiche Abbildungen und/oder Tabellen, sollten Sie ein *Abbildungs- und/oder Tabellenverzeichnis* anlegen.[52]

Diese Verzeichnisse und das Abkürzungsverzeichnis stehen nach dem Inhaltsverzeichnis und werden wie das Inhaltsverzeichnis paginiert. Verzeichnisse gehören nicht in den Anhang! Zwei Gestaltungsbeispiele:

Verzeichnis der Abbildungen

Abbildung 1: Parallele Transaktion 20
Abbildung 2: Gekreuzte Transaktion 22
Abbildung 3: Komplementäre Transaktion 25
Abbildung 4: Verdeckte Transaktion 29

List of Figures

1 Historical land-use transitions 4
2 Evolution of global irrigation area and water withdrawals 5
3 The grand challenge: sustainable development within the safe,
    and toward the just operating space 8
...

---

[52] Zum Nutzen, dem Design und der Platzierung von Tabellen und Abbildungen siehe das Schreibportal der Universität Leipzig: https://home.uni-leipzig.de/schreibportal/tabellengrafiken/

Ein *Abkürzungsverzeichnis* ist Pflicht, wenn eine Arbeit viele Abkürzungen enthält. Ein solches Verzeichnis wird alphabetisch geordnet. Es steht ebenfalls nach dem Inhaltsverzeichnis.

Einfache Abkürzungen wie *(usw., vgl.)* und allgemein bekannte Akronyme (SPD, DGB, USA und PIN) werden nicht im Abkürzungsverzeichnis aufgeführt. Das gilt auch für geläufige Abkürzungen für Maße und Gewichte (cm, kg). Ein Beispiel:

Abkürzungsverzeichnis
ADB Asian Development Bank
BIP Bruttoinlandsprodukt in Deutschland
BSP Bruttosozialprodukt
CSR Corporate Social Responsibility
EKD Evangelische Kirche
FSC Forest Stewardship Council
GIS Geografisches Informationssystem
…

Abkürzungen, die in Abbildungen oder Tabellen verwendet werden, sind in einer Legende zur Abbildung bzw. Tabelle zu erläutern.

Im Text müssen Abkürzungen eingeführt werden: Zunächst schreibt man den Terminus aus und setzt die Abkürzung dahinter in Klammern. Dann wird nur noch die Abkürzung verwendet. Viele Abkürzungen machen das Lesen anstrengend.[53]

Enthält eine Arbeit viele Formeln und Symbole, wird ein Symbolverzeichnis in die Arbeit aufgenommen. Wie für das Abkürzungsverzeichnis gilt für dieses Verzeichnis, was als allgemein bekannt vorausgesetzt werden kann, gehört nicht ins Symbolverzeichnis. Zum Beispiel das Summenzeichen: Σ

Werden im Literaturverzeichnis von Abschlussarbeiten viele Zeitschriften, Nachschlagewerke oder Publikationsreihen aufgeführt, sind Abkürzungen der Zeitschriften oder Reihennamen Standard. Dem Literaturverzeichnis wird in diesem Falle ein Verzeichnis der Abkürzungen vorangestellt.

In fast allen Disziplinen gibt es eingeführte Abkürzungen. Auf Wikipedia finden Sie eine Liste der gängigen Abkürzungen für Zeitschriften: https://de.wikipedia.org/wiki/Liste_der_Abk%C3%BCrzungen_f%C3%BCr_Fachzeitschriften#Z[54]

---

[53] Mehr zu Abkürzungen im Handbuch Wissenschaftliches Arbeiten (Franck 2017, 11 ff.).
[54] Siehe auch die Liste der Abkürzungen für Zeitschriften, Reihen, Lexika und häufig zitierte Werke: https://shorturl.at/gHUV1

Zusammenfassung

In einen *Anhang* werden Informationen aufgenommen, die Aussagen stützen, jedoch zu umfangreich sind, um in den Text integriert zu werden.

Tabellen und Abbildungen werden nummeriert und inhaltlich ausgewiesen. Zum Beispiel: Abbildung 1: Parallele Transaktion. Im *Abbildungs- bzw. Tabellenverzeichnis* stehen diese Angaben und ein Seitenverweis.

Ein *Abkürzungs- oder Symbolverzeichnis* ist unerlässlich, wenn eine Arbeit viele Abkürzungen oder Symbole enthält.

Was kann ich tun, um mich nicht im Satzbau zu verheddern? 21

▶ *Wenn Sie Schachtelsätze vermeiden, sind Sie auf der sicheren Seite.* Folgen Sie deshalb diesen Maximen: jedem Gedanken einen eigenen Satz einräumen; die Hauptsache steht im Hauptsatz; erst Hauptsatz, dann Nebensatz; Satzgegenstand und Satzaussagen stehen dicht zusammen; Passiv vermeiden.

„Mit aller Bestimmtheit will ich versichern, daß es keineswegs aus dem Wunsche geschieht, meine Person in den Vordergrund zu schieben, wenn ich diesen Mitteilungen über das Leben des verewigten Adrian Leverkühn, dieser ersten und gewiß sehr vorläufigen Biographie des teuren, vom Schicksal so furchtbar heimgesuchten, erhobenen und gestürzten Mannes und genialen Musikers, einige Worte über mich selbst und meine Bewandtnisse vorausschicke." (Mann 1977, 7)

Die ersten Zeilen von *Doktor Faustus*. Der Satz hat 61 Wörter. Thomas Mann ist ein Meister kunstvoller Sätze. Wer das nicht ist, sollte kürzere Sätze schreiben. Zum Beispiel die Autorin, die mit Sätzen mit 65 Wörtern aufwartet:

„Im Kontext Schule und Bildung – und darüber hinaus gesamtgesellschaftlich – sind vor allem drei Determinanten, d. h. unterschiedliche Gruppenzugehörigkeiten als Teilkomponenten dessen, was die Unterschiedlichkeit der Schüler maßgeblich ausmacht, prägnant, die mit ‚großer Wahrscheinlichkeit zu Vor- oder Nachteilen führen' und eine Vielzahl komplexer Konsequenzen, v. a. auch diskriminierender, für die Betroffenen nicht wünschenswerter Art, beeinflussen: schichtspezifische Herkunft, ethnische Herkunft und Geschlecht bzw. ‚gender, class und race'" (Gruber 2017, 10 – Quellenangaben im Text habe ich weggelassen).

Kurze Sätze sind meist verständlicher und lesen sich oft angenehmer als lange Sätze. Doch auch mit weniger Worten lassen sich scheußliche Sätze formulieren und mit einer Reihung kurzer Sätze missratene Texte. Vielleicht haben Sie schon einmal einen Brief in folgendem Stil erhalten: „Ihre Bewerbung ist bei uns eingegangen. Über Ihr Interesse freuen wir uns. Die Entscheidung über die Stellenbesetzung wird einige Zeit in Anspruch nehmen. Sie werden zur gegebenen Zeit wieder Nachricht von uns erhalten. Nachfragen beantwortet …".

Das Hauptübel vieler Sätze ist nicht ihre Länge, sondern ihre Bauweise. Man folgt nicht der Maxime, eins nach dem anderen, sondern verschachtelt Informationen und Überlegungen. Schachtelsätze ermüden, weil man sich anstrengen muss, den roten Faden nicht zu verlieren.

Ein eingeschobener Nebensatz ist noch kein Problem:

> In der Industrie, wo alle Organisationsprozesse auf Wirtschaftlichkeit und Effektivität ausgerichtet sind, kommt der Auswahl der richtigen Führungskräfte eine herausgehobene Stellung zu.

Vielen ist allerdings eine Schachtel zu wenig:

> Die Feststellung, dass es zu Verzögerungen bei der Antragstellung für das Forschungsprojekt ‚Geschlecht und Verkehrspolitik' kam, ist, wie wir Ihnen bereits am 11.11. mitgeteilt haben, dies können Sie der beiliegenden Kopie unseres Schreibens entnehmen, unzutreffend.

Es ist erfreulich, wenn Sie mehr als einen Gedanken haben. Geben Sie jedem dieser Gedanken Raum. Klemmen Sie diese Gedanken nicht ein. Vermeiden Sie Schachtelsätze. Dazu haben Sie mindestens folgende Möglichkeiten.

Jedem Gedanken einen eigenen Satz einräumen

Präsentieren Sie Ihren Gedankenreichtum angemessen: Packen Sie nicht alle Gedanken in einen Satz. Ein Beispiel aus einer Abschlussarbeit:

> „Die Vermutung, dass der Körper des Menschen nicht nur seine äußere Hülle ist, sondern dass sich in ihm Elemente des Inneren widerspiegeln, spornt schon seit Jahrhunderten den Forschungsdrang von Wissenschaftlern (oder vermeintlichen Wissenschaftlern) an."

Wir wären irritiert, würden uns die drei Gänge eines Menüs gleichzeitig auf einem Teller serviert. Beim Lesen begegnet uns dieser Ein-Teller-Service ständig. Übernehmen Sie diese Unsitte nicht. Schreiben Sie statt eines Satzes drei Sätze:

> Der Körper ist nicht nur die äußere Hülle des Menschen. Vielmehr spiegeln sich im Körper Elemente des Inneren. Diese Vermutung spornt seit Jahrhunderten den Forschungsdrang von Wissenschaftlern (oder vermeintlichen Wissenschaftlern) an.

Ohne Informationsverdichtungen werden Sätze entschieden lesbarer – und Sie kommen mit weniger Wörtern aus. Ich komme noch einmal auf den bereits im zweiten Kapitel zitierten Satz zurück, um zu zeigen, welche Satzmonster entstehen, wenn man Gedanken verschachtelt formuliert:

> „Zu den Stiefkindern der Schreibprozessforschung, die methodisch weitgehend in der kognitionspsychologischen Introspektion befangen ist, die sie mit dem ‚Problemlösungsmodell' aus der Schulaufsatzforschung importiert hat, und die Ereignishaftigkeit des Schreibakts selbst in seiner Materialität, Positivität und Kontingenz gerne vernachlässigt, zählen die Schreibwerkzeuge und ihr Eigensinn, mit dem sie sich gelegentlich dem poetischen Produktionsprozess widersetzen." (Stingelin 2015, 283 f.)

Versuchen Sie, den Satz zu entwirren. Meinen Vorschlag finden Sie in der Fußnote.[55]

Die Argumentation syntaktisch stützen

Sätze gewinnen, wenn die Hauptsache – anders als im folgenden Beispiel – im Hauptsatz steht.

> „Neue Steuerungsmodelle, übergreifende Managementansätze, effizienzsteigernde Organisationsprozesse sind Themen, mit denen sich öffentliche Verwaltungen angesichts des Kostendrucks und der erforderlichen Haushaltssanierungen zunehmend beschäftigen."

---

55 Die Schreibprozessforschung vernachlässigt die Ereignishaftigkeit des Schreibakts, seine Materialität, Positivität und Kontingenz. Daher sind die Schreibwerkzeuge und ihr Eigensinn, mit dem sie sich gelegentlich dem poetischen Produktionsprozess widersetzen, Stiefkinder dieser Forschung, die methodisch weitgehend in der kognitionspsychologischen Introspektion befangen ist, die sie mit dem ‚Problemlösungsmodell' aus der Schulaufsatzforschung importiert hat.

Der Hauptsatz lautet: „Neue Steuerungsmodelle … sind Themen". Was ist wirklich wichtig? Die öffentlichen Verwaltungen beschäftigen sich mit neuen Steuerungsmodellen. Warum tun sie das? Weil sie unter Druck stehen.
Aussagen sind verständlicher und prägnanter, wenn sie durch den Satzbau gestützt werden. Der Ort für die Hauptaussage ist, wie der Name sagt, der Hauptsatz, an den sich die Begründung im Nebensatz anschließt:

> Öffentliche Verwaltungen beschäftigen sich zunehmend mit neuen Steuerungsmodellen, übergreifenden Managementansätzen und effizienzsteigernden Organisationsprozessen [Aussage], weil der Kostendruck gestiegen ist und die Haushalte saniert werden müssen [Begründung].

Ein weiteres Beispiel:

> „Ein Textmuster, das in den USA sowohl in der Schule als auch im Studium einen großen Stellenwert einnimmt, bei uns merkwürdigerweise keine Bedeutung hat, ist der Book Report, für den ich kein besseres deutsches Wort als *Buchbericht* finde."

Der Hauptsatz lautet: *Ein Textmuster ist der Book Report* – für das der Autor kein besseres deutsches Wort findet als *Buchbericht*. Ist dieses Bekenntnis wichtig? Wusste es der Autor besser, als er es ausdrücken konnte? Die Hauptsache im Hauptsatz:

> In den USA hat der *Book Report* in Schulen und Hochschulen einen hohen Stellenwert. In Deutschland („bei uns" ist Umgangs- und Wahlkampfreden-Sprache) wird diesem Textmuster keine Bedeutung beigemessen.

Ein gelungener Satzbau stützt die Argumentation syntaktisch. Ein gelungener Satzbau setzt die Überlegungen voraus: Was ist die Hauptsache, die wichtigste Aussage? Der Ort für die wichtigste Aussage ist der Hauptsatz. Ein nachgeordneter Gedanke kommt in den Nebensatz. Sind zwei Gedanken gleich wichtig, werden sie in gleichrangigen Sätzen ausgedrückt.

Erst Hauptsatz, dann Nebensatz

Es ist unhöflich, andere Menschen zu unterbrechen. Es ist unfreundlich gegenüber Leser*innen, Aussagen durch mehrere Nebensätze zu unterbrechen. Und man macht sich das Schreibleben mit verschachtelten Sätzen schwer, weil man zum Beispiel mit den Anschlüssen nicht zurechtkommt. Ein Beispiel für einen missratenen – weil verschachtelten – Satz:

„Mit der kognitiven Wende, durch welche sich (wie gesagt) die bisher dominante Stimulus-Response-Psychologie in die zweite Reihe verwiesen sah, wurden kognitive Ansätze und Fragestellungen der alten Bewußtseinspsychologie – die von Ebbinghaus inaugurierte assoziationspsychologische Gedächtnisforschung, die Würzburger Schule der Denkpsychologie, die Berliner Schule der Gestalttheorie etc. –, die seinerzeit durch die behavioristische Umwälzung zurückgedrängt worden waren – Mitte oder Ende der fünfziger Jahre wieder aufgegriffen."(Holzkamp 1995, 118)

Stellt man den Hauptsatz an den Anfang, wird aus diesem Satzmonster ein klar strukturierter Text:

Mit der kognitiven Wende wurden in den Fünfzigerjahren kognitive Ansätze und Fragestellungen der alten Bewusstseinspsychologie wieder aufgegriffen: die von Ebbinghaus eingeführte assoziationspsychologische Gedächtnisforschung, die Würzburger Schule der Denkpsychologie, die Berliner Schule der Gestalttheorie etc., die durch die behavioristische Umwälzung zurückgedrängt worden waren.

Sollte die durch „wie gesagt" angekündigte Wiederholung wichtig sein, kann in einem zweiten Satz ergänzt werden: „Die Stimulus-Response-Psychologie wurde mit dieser Wende in die zweite Reihe verwiesen."

Das Verständnis dieses Textes setzt Kenntnisse der Psychologie voraus. Nicht jeder Text muss für alle verständlich sein. Diese Tatsache ist jedoch kein Freibrief für komplizierte – weil verschachtelte – Sätze. Auch ein komplizierter Sachverhalt kann in Sätzen ausgedrückt werden, die das Verständnis nicht erschweren und deren Struktur deutlich macht, was die Kernaussage und was nachgeordnet ist oder ein erläuterndes Beispiel.

Ein Nebensatz vor dem Hauptsatz ist kein Problem und Abwechslung im Satzbau erwünscht. Umfangreiche Texte werden langweilig, wenn sie nur kurzen Hauptsätzen bestehen oder stets Nebensatz auf Hauptsatz folgt. Abwechslung ist erwünscht – unbeholfene Sätze wie der folgende nicht:

„Dass Impfkritik- und Skepsis [sic] nach wie vor relevante Themen sind, zeigen aktuelle Diskussionen zur Impfpflicht in Deutschland. Worin der Widerstand gegen die Impfung historisch begründet liegt, wie er sich organisierte, legitimierte und wie seine Motivationsgrundlage beschaffen war, soll Gegenstand dieser Arbeit sein." (Mayr 2018, 7)

So lassen sich die beiden Sätze sinnvoll anordnen:

Impfkritik und Impfskepsis sind nach wie vor relevante Themen. Dies zeigt die aktuelle Diskussion über eine Impfpflicht. In dieser Arbeit wird die Geschichte des Widerstands gegen Impfungen untersucht: Was motivierte diesen Widerstand, wie war er organisiert, und wie legitimierte er sich?

Als Empfehlung formuliert: Fangen Sie einen Satz nicht mit *dass* an. Schreiben Sie nicht:

> Dass Bundeskanzler Scholz selbst dann, als nicht mehr zu übersehen war, dass sich die Umfragewerte der SPD von Woche zu Woche verschlechterten, nicht dem Wunsch vieler Vorstandsmitglieder nachkam, seinen Kommunikationsstil zu ändern, wurde in der SPD-Fraktion mit Befremden wahrgenommen.

Erzählen Sie vielmehr die Geschichte der Reihe nach:

> Die Umfragewerte der SPD verschlechterten sich von Woche zu Woche. Deshalb wünschten sich viele Vorstandsmitglieder, dass Olaf Scholz seinen Kommunikationsstil ändert. Doch der Bundeskanzler kam, was in der SPD-Fraktion mit Befremden wahrgenommen wurde, diesem Wunsch nicht nach.

Subjekt und Prädikat dicht zusammen. Passiv vermeiden

Mark Twain notierte in *Die schreckliche deutsche Sprache:* „Im Deutschen hat man … die Angewohnheit, die Verben auseinanderzusetzen und zu zerreißen. Man stellt die eine Hälfte an den Anfang irgendeines aufregenden Satzbaus und die zweite Hälfte ans Ende. Etwas Verwirrenderes kann man sich nicht vorstellen." (Mark Twain 1983, 173)

Nicht nur deutsche Schriftsteller haben diese Vorliebe, sondern auch deutsche Student*innen. Aus einer Masterarbeit:

> „Die mangelnde Finanzausstattung des BUND scheint dabei nicht die Folge punktueller und zeitlich begrenzter Misswirtschaft, sondern eher ein strukturelles Moment oder zumindest ein chronisches Leiden, welches sich durch die Verbandsgeschichte zieht, darzustellen."

Nach 24 Wörtern erfahren wir, was *scheint*. Die Trennung von *scheint* und *darzustellen* lädt zu weiteren Verschachtelungen ein:

> Die mangelnde Finanzausstattung des BUND *scheint* dabei – und dies ist eine zentrale Differenz zu Greenpeace, der Umweltorganisation, die sehr erfolgreich Spenden akquiriert – nicht die Folge punktueller und zeitlich begrenzter Misswirtschaft, sondern eher

ein strukturelles Moment oder zumindest ein chronisches Leiden, welches durch Verbandsgeschichte zieht, *darzustellen*.

Schon haben wir 38 Wörter zwischen *scheint* und *darzustellen*. Die Lesenden sind bei solchen Satzkonstruktionen häufig so angestrengt damit beschäftigt, die Satzaussage zu erfassen, dass sie nicht mehr folgen können.[56]
Oder es entsteht ein falscher Zwischensinn. Ein einfaches Beispiel: Die Richterin versagte (ach, die Ärmste!) dem Antrag der Verteidigung die Zustimmung. Bei einem so kurzen Satz entsteht kein falscher Zwischensinn. Doch in dem Holzkamp-Zitat im letzten Abschnitt erfährt man erst nach 59 Wörtern, was aus den „kognitiven Ansätzen und Fragestellungen der alten Bewusstseinspsychologie *wurde*". Bis man auf das erlösende *aufgegriffen* stößt, kann man rätseln, ob diese Ansätze endgültig verworfen, vergessen oder verspottet wurden.

Deshalb: Quälen Sie Ihre Leser*innen nicht. Überlassen Sie es der Deutschen Bahn, ihre Kunden sprachlich auf die Folter zu spannen: „Sehr geehrte Fahrgäste, wir erreichen in Kürze Frankfurt/Main Hauptbahnhof. Dort *werden* die Anschlusszüge nach Mannheim, Abfahrt 14 Uhr 12, Göttingen 14 Uhr 28 und Köln 14 Uhr 35 leider *nicht erreicht*."

Deshalb: Die mangelnde Finanzausstattung des BUND ist nicht die Folge von Misswirtschaft, sondern ein strukturelles Problem, das sich durch die Verbandsgeschichte zieht.

Texte im Passiv laden besonders dazu ein, die Satzaussage auseinanderzureißen. Ein Beispiel:

> „Im zweiten Hauptkapitel dieser Arbeit, das sich mit dem Verhältnis von historischer Realität und historischem Roman befasst, wird die Funktion der dargestellten historischen Fakten, nach einleitenden Bemerkungen zu ihrer Historizität, für die fiktiven Geschichtserzählungen Scotts, insbesondere die Rolle der auftretenden historischen Personen in der Figurenkonstellation der Schottland-Romane, untersucht werden."
> (Zit. in Schumacher 2017, 80)

---

56 Vor allem Ausländer*innen macht diese deutsche Spracheigenart Schwierigkeiten. Gordon A. Craig notierte in *Über die Deutschen* folgende Anekdote: „In den Tagen, als Bismarck der größte Mann Europas war, wollte eine Amerikanerin, die zu Besuch in Berlin weilte, unbedingt den Kanzler sprechen hören. Sie besorgte sich zwei Zulaßkarten für die Zuschauergalerie des Reichstags und einen Dolmetscher. Sie hatten Glück: kurz nach ihrem Eintreffen griff Bismarck in die Debatte ein, in der es um Fragen der Sozialgesetzgebung ging, und die Amerikanerin rückte dicht an den Dolmetscher heran, um nichts von der Übersetzung zu verpassen. Doch obwohl Bismarck mit beträchtlichem Nachdruck und eine ganze Zeitlang sprach, blieb der Dolmetscher stumm, und er reagierte auch nicht, als sie ihn anstieß. Schließlich hielt sie es nicht mehr aus: ‚Was sagt er denn?' – ‚Geduld, Madam', entgegnete der Dolmetscher. ‚Ich warte noch auf das Verb'." (1985, 324)

Wer diesem Laster verfällt, macht sich das Schreiben schwer, weil Grammatik und Logik leicht durcheinandergeraten und häufig geprüft werden muss, ob die Anschlüsse stimmen. Wenn Sie das Passiv vermeiden, kommt dieses Problem nicht auf:

> Im zweiten Hauptkapitel steht das Verhältnis von historischer Realität und historischem Roman im Mittelpunkt. Nach einleitenden Bemerkungen zur Historizität der dargestellten historischen Fakten untersuche ich deren Funktion für die fiktiven Geschichtserzählungen Scotts, insbesondere die Rolle der auftretenden historischen Personen in der Figurenkonstellation der Schottland-Romane.[57]

Die Leideform ist angebracht, wenn

- tatsächlich ein Erleiden ausgedrückt werden soll: Ich wurde im Urlaub von Mücken gequält,
- nicht interessiert, wer die handelnde Person ist: Die Sauna wird um 21 Uhr geschlossen,
- ein Handlungsträger fehlt: In der Prüfungsordnung ist vorgesehen, dass ... Die Prüfungsordnung kann nichts vorsehen, sondern nur die, die sie gemacht haben.

Zusammenfassung

Es gibt nicht die richtige Satzlänge, sondern nur gelungene oder misslungene Sätze. Ihr Satzbau gelingt, wenn Sie Schachtelsätze vermeiden. Sie erleichtern sich das Schreiben und anderen das Lesen. Eine Win-win-Situation.

---

57 Für *auftretende historische Personen* und die *Figurenkonstellation* übernehme ich keine Verantwortung.

Sollte ich gendern? 22

▶ *Sie müssen nicht gendern.* Es gibt jedoch gute Gründe, Menschen aller Geschlechtsidentitäten sprachlich sichtbar zu machen.

Wie halten Sie es mit der Möglichkeit, die so manchen auf die Barrikaden treibt und der CDU in Thüringen so verhasst ist, dass sie mit der AfD gemeinsame Sache macht (Nimz 2022, Hentschel, Richter 2023): Gendern?
   Ist Gendern „gaga"? Sind wir von einer „Sprachdiktatur" bedroht? Muss – wie in Bayern, Sachsen, Sachsen-Anhalt, Schleswig-Holstein und Hessen – ein gesetzliches Verbot her? (Frehler, Müller-Lancé 2023, 8; s. a. Scholz 2023, 29 und Steinke 2024, 9)
   Wenige Themen taugen in Deutschland so verlässlich zum Aufreger wie das Ansinnen auf eine geschlechtergerechte Sprache (s. a. Pfalzgraf 2024).

**Was der Duden meint, die Lufthansa verändert hat
und wo Frauen es in Nationalhymnen geschafft haben**

Gendern meint, so der *Duden*, „bestimmte sprachliche Mittel verwenden, um Menschen aller Geschlechtsidentitäten sprachlich sichtbar zu machen."
   Während sich in den meisten wissenschaftlichen Texten hartnäckig das generische Maskulin hält – mittlerweile oft verbunden mit der Zusicherung, Frauen seien stets „mitgemeint" –, hat sich in der gesprochenen Sprache etwas getan: Kein Landespolitiker und keine Bundespolitikerin spricht heute nur Männer an, sondern adressiert Bürgerinnen und Bürgern, redet von Schülerinnen und Schülern.
   In Stellenanzeigen wird gegendert. Und die Wirtschaft ist nicht zusammengebrochen. In ARD und ZDF wird gegendert. Ohne dass die Nachrichtenquali-

tät darunter leidet. Im *Duden online* sind seit 2021 alle Ärzte Männer, Frauen sind Ärztinnen. Und wenn es um Rechtsanwälte geht, ist von Männern die Rede. Frauen sind Rechtsanwältinnen. Student ist nicht länger eine Bezeichnung für alle Studierenden, sondern eine „*männliche* Person, die an einer Hochschule studiert".

Die *Lufthansa* hat die „Sehr geehrten Damen und Herren" in der Ansage abgeschafft, um auszuschließen, dass die eine oder andere Person sich nicht angesprochen fühlt. „Guten Tag", „Guten Abend" oder „Herzlich willkommen" heißt es nun auch bei *Austrian* und *Brussels Airlines* und *Eurowings* (Zips 2021, 8).

2018 wurde der englische Text der kanadischen Nationalhymne geschlechtsneutral formuliert. Aus „true patriot love in all thy sons command" wurde „true patriot love in all of us command". In Österreich schafften Frauen es 2011 in die Bundeshymne: „Heimat großer Töchter und Söhne" heißt es seitdem in der vierten Zeile.

Es bedarf wenig Mühe, geschlechtergerecht zu formulieren, ohne die Lesbarkeit zu beeinträchtigen

Sie müssen nicht gendern. Sie sollten jedoch die Wirkung von Sprache bedenken: Sprache konstruiert Wirklichkeit. Die Worte, die wir wählen, machen Dinge, Prozesse und Menschen sichtbar oder unsichtbar. Das ist für die Wahrnehmung der Geschlechter nicht folgenlos.[58] Deshalb ist geschlechtergerechte Sprache wissenschaftsangemessen.

Es bedarf wenig Mühe, geschlechtergerecht zu formulieren, ohne das Verständnis bzw. die Lesbarkeit zu beeinträchtigen (s. a. Olderdissen 2022): Sie können

- wählen zwischen dem Binnen-I (ProfessorInnen), dem Unterstrich (Professor_innen) und dem Genderstern (Professor*innen);[59]

---

58 In Schweden wurde 2015 das geschlechtsneutrale Pronomen „hen" in das schwedische Wörterbuch aufgenommen. „Hen" ergänzt das weibliche „hon" und das männliche „han". Untersuchungen ergaben, dass die Verwendung geschlechterneutraler Fürwörter Auswirkungen auf die Wahrnehmung von Geschlechternormen hat (Barthels 2019).
59 Die Linguistin Luise F. Pusch schlägt vor, den Genderstern ans Ende des Femininums zu stellen. „Der Stern zeigt an, dass alle Geschlechter gemeint sind, weiblich, männlich, nicht-binär." (2020, 29) Die Grundordnung der Universität Leipzig ist im generischen Femininum verfasst: www.uni-leipzig.de/fileadmin/ul/Dokumente/Grundordnung_UL_130806.pdf; siehe auch die Leitlinien zur Verwendung geschlechtergerechter Sprache in einer Haus-, Seminar- oder wissenschaftlichen Arbeit der rechtswissenschaftlichen Fakultät der Universität Jena: www.rewi.uni-jena.de/rewimedia/downloads/studium/antraege-broschueren-hinweisblaetter/leitlinien-geschlechtergerechte-sprache-2021-02-11.pdf

- beide Geschlechter nennen: Studentinnen und Studenten;
- zwischen männlichen und weiblichen Bezeichnungen wechseln: Studenten und Professorinnen, der Doktorand und die Forscherin.

Häufig genügt es, auf *der* zu verzichten. Wie in der Arie *In diesen heil'gen Hallen* aus der *Zauberflöte:* „Wen solche Lehren nicht erfreu'n, verdienet nicht ..." Ein zeitgenössisches Beispiel: Wer gegen Rassismus ist, wählt nicht AfD.

Ein wenig Fantasie hilft immer: *Alle,* die diesen Ansatz kritisieren ... (statt: Alle Kritiker). Ein Beispiel aus den USA: Dort wurde an Universitäten aus dem chair*man* of the department schlicht *chair* (Daston 2023, 38).

Am Rande: Professorinnen und Professoren ist leichter zu lesen und auszusprechen als Lebensmittelüberwachungstransparenzgesetz, Bundeswehrbeschaffungsbeschleunigungsgesetz oder Rindfleischetikettierungsüberwachungsaufgabenübertragungsgesetz. Die Genderpause zwischen Bürger * in (auch gesprochenes Gendersternchen genannt) erfordert keine sprachliche Akrobatik. Und wer Post von deutschen Behörden erhält, wird feststellen: unverständliches Deutsch, aufgebläht, unverdaulich und einschüchternd – nicht der Genderstern ist das Problem (Steinke 2023, 41).

Zusammenfassung

Gendern ist weder Pflicht noch Katastrophe. Aber eine gute – wissenschaftsangemessene – Wahl.

Das Wichtigste auf einen Blick – Zusammenfassung

1) *Wissenschaftliches Arbeiten* muss den folgenden Standards genügen: Die tragenden Begriffe sind zu klären, die Darstellung und Bewertung von Sachverhalten sind zu trennen. Nichts ist selbstverständlich, alles muss begründet werden (können). Wissenschaft zielt auf Erklärungen. Die eigene Arbeit muss auf die vorliegenden Ergebnisse bezogen und der eigene Standpunkt reflektiert werden.

2) *Wissenschaftliche Texte* dürfen und sollten verständlich und klar strukturiert sein. *Gute* wissenschaftliche Texte sind freundlich – lesefreundlich; sie machen keine unnötige Lesearbeit. Verständliche und klar strukturierte Texte gelingen, wenn auf Blähkonstruktionen verzichtet und gestrichen wird, was nichts zur Erhellung eines Sachverhalts beiträgt. Hausarbeiten sollten frei sein von Fachjargon und Umgangssprache. Beim Schreiben gilt es, Stilbruch zu vermeiden und die Fülle des Wortschatzes zu nutzen.

3) Aller Anfang ist schwer. Eigene Überlegungen sind eine gute Starthilfe. Ein *geplantes Vorgehen* und eine gezielte Literaturrecherche sowie eine präzise Frage- und Zielstellung sind Voraussetzung für eine gelungene Arbeit.
   Hemingway soll die letzte Seite von „Wem die Stunde schlägt" 39-mal umgeschrieben haben. Seine Sorgfalt hat sich gelohnt. 1954 erhielt er den Literaturnobelpreis. Für Ihre Haus- oder Masterarbeit genügen drei Versionen: eine Rohfassung, eine vorläufige und eine Endfassung.

4) Je größer Ihr Schreibprojekt ist, desto wichtiger ist ein *Exposé,* das begründet Auskunft gibt, was Sie warum wozu wie untersuchen und in welchen Schritten Sie Ihr Ziel erreichen wollen.

5) In *Haus- oder Seminararbeiten* sollen Sie nachweisen, dass Sie Wissen anwenden, ein Thema mit Hilfe vorliegender Erkenntnisse bearbeiten und strukturiert, schlüssig und verständlich darstellen können.

6) Mit einer *Bachelorarbeit* beweisen Sie, dass Sie eine begrenzte Aufgabe aus Ihren Studienfächern selbstständig mit wissenschaftlichen Methoden lösen können.
   In einer *Masterarbeit* kommen Sie zu neuen Erkenntnissen über einen Gegenstand.
   Ob Bachelor- oder Masterarbeit: Achten Sie darauf, Ihre Leistung deutlich zu machen.

7) Wenn Sie *wählen* können, worüber Sie eine Haus- oder Abschlussarbeit schreiben, gilt es zu prüfen: Interessiert mich das Thema? Ist seine Bearbeitung für das weitere Studium bzw. meine berufliche Karriere nützlich? Ist das Thema in der vorgegebenen Zeit zu bearbeiten? Habe ich die notwendigen fachlich-methodischen Voraussetzungen?

8) Schreiben Sie die Arbeit, die Sie schreiben können. *Themeneingrenzungen* schaffen dafür die Voraussetzung. Eingrenzungen müssen inhaltlich begründet werden (können).

9) Die *Gliederung* einer Arbeit ist dann gelungen, wenn die Gliederungsziffern die Beziehungen zwischen den einzelnen Themenaspekten angemessen zum Ausdruck bringen und wenn das gewählte Gliederungsprinzip konsequent durchgehalten und ausgewogen gegliedert wird.

10) Bei einem (systematischen) *Literaturüberblick* kommt es darauf an, die vorliegende Literatur kriteriengeleitet systematisch zu ermitteln, auszuwerten und strukturiert darzustellen.
    In Abschlussarbeiten und Dissertationen ist der Literaturüberblick Mittel zum Zweck: Aus dem Überblick über den Stand der Forschung die Fragestellung und das Ziel der Arbeit herauszuarbeiten.
    Systematische Reviews geben Auskunft über das Wissen, das zu einem Themenbereich vorliegt. Über Kontroversen und Widersprüche sowie über die Aspekte, die noch nicht erforscht wurden.

11) *Referieren* Sie Entwicklungen, Theorien, Befunde – kriteriengeleitet und präzise – so ausführlich wie nötig und so knapp wie möglich. *Bewerten* Sie die referierte Literatur kritisch und sachlich. Vermeiden Sie Besinnungstexte, Appelle und Bekenntnisse.

12) Hausarbeiten gelingen nicht auf Anhieb. Planung ist unerlässlich. Sie sind auf einem guten Weg, wenn Sie sich bewusst machen, dass Sie trainieren müssen, Hausarbeiten zu schreiben. Ihre Schreibfortschritte können Sie beschleunigen, wenn Sie sich von schlechten wissenschaftlichen Texten nicht beeindrucken lassen und lernen, sich von Texten zu lösen und eigene Worte zu finden. Last but not least: Es ist hilfreich, sich beim Schreiben interessierte Leser*innen vorzustellen.

13) Sie entscheiden, wie Sie beim Schreiben mit der *ersten Person Singular* umgehen. Wirkung erzeugt *ich*. Wissenschaft würde „spürbar lebendiger", wäre *ich* „Leitlinie und Identifikationsmerkmal" wissenschaftlichen Schreibens (Stitzel 2016, 146).

14) *Einleitungen* haben die Funktion, das Problem zu erläutern, das behandelt wird, das Thema zu präzisieren und das Ziel der Arbeit zu skizzieren. In Abschlussarbeiten sind die Voraussetzungen anzugeben, unter denen das Thema behandelt wird, und der Aufbau der Arbeit zu begründen.

Es lohnt sich, Arbeit in die ersten Sätze zu investieren: Sie sind die Eintrittskarte zur Gunst der Leser*innen.

15) Der *Schluss* soll eine Arbeit abrunden. Und er sollte Sie ins rechte Licht rücken. Das kann gelingen, wenn Sie präzise zeigen, was Sie mit welchem Ertrag gezeigt haben.

16) Hausarbeiten kommen ohne *Abstract* aus. Das Abstract einer Abschlussarbeit oder Dissertation darf bis zu einer Seite lang und muss eigenständig sein: aussagekräftig und verständlich ohne Rückgriff auf die Arbeit, die zusammengefasst wird.

17) Ein *Inhaltsverzeichnis* ist für die Leser*innen eine Orientierung und erleichtert ihnen das Nachschlagen – wenn es übersichtlich gegliedert sowie präzise und verständlich formuliert ist.

18) Das erste *Zitations*gebot lautet: Gib Auskunft, auf welche Befunde und Daten oder Erklärungsansätze Du Deine Arbeit stützt. Zitate und Verweise müssen präzise, zweckmäßig und notwendig sein, die zitierten Quellen zuverlässig und seriös. Hervorhebungen, Ergänzungen und Auslassungen in Zitaten werden ausgewiesen und dürfen den Sinn eines Textes nicht verändern.

19) Wer hat was wann und wo veröffentlicht? Antworten auf diese Fragen ergeben präzise *Quellenangaben*. Ein *Literaturverzeichnis* ist sinnvolle Pflicht. Es ermöglicht zu prüfen, ob die für ein Thema wichtige Literatur verarbeitet wurde.

20) In einen *Anhang* werden Informationen aufgenommen, die Aussagen stützen, jedoch zu umfangreich sind, um in den Text integriert zu werden.

Tabellen und Abbildungen werden nummeriert und inhaltlich ausgewiesen. Zum Beispiel: Abbildung 1: Parallele Transaktion. Im *Abbildungs- bzw. Tabellenverzeichnis* stehen diese Angaben und ein Seitenverweis.

Ein *Abkürzungs- oder Symbolverzeichnis* ist unerlässlich, wenn eine Arbeit viele Abkürzungen oder Symbole enthält.

21) Es gibt nicht die richtige Satzlänge, sondern nur gelungene oder misslungene Sätze. Ihr *Satzbau* gelingt, wenn Sie Schachtelsätze vermeiden. Sie erleichtern sich das Schreiben und anderen das Lesen. Eine Win-win-Situation.

22) *Gendern* ist weder Pflicht noch Katastrophe. Aber eine gute – wissenschaftsangemessene – Wahl.

Literaturempfehlungen und Links

Wissenschaft – Wissenschaftliches Arbeiten

Norbert Franck 2017: Handbuch Wissenschaftliches Arbeiten. 3. Aufl. Paderborn: Schöningh
Wolf-Dieter Narr 2013: Was ist Wissenschaft? Was heißt wissenschaftliches Arbeiten? In: Norbert Franck, Joachim Stary (Hrsg.): Die Technik wissenschaftlichen Arbeitens. 17. Aufl. Paderborn: Schöningh, S. 15–32
Nikola Wolf-Kühn 2018: Keine Zeit zum Denken. In: Katrin Reimer-Gordinskaya, Michael Zander (Hrsg.): Krise und Kritik (in) der Psychologie. Festschrift für Wolfgang Maiers. Hamburg: Argument Verlag, S. 13–24

Schreiben allgemein

Handbuch Korrekt und stilsicher schreiben 2013: Bearb. von der Duden-Redaktion. Berlin: Bibliographisches Institut
Kurt Tucholsky 2018: Die Sprache ist eine Waffe. Sprachglossen. 13. Aufl. Reinbek: Rowohlt
Mark Twain 2018: Die schreckliche deutsche Sprache. Ditzingen: Reclam

Rechtschreibprüfung:
Duden-Mentor: https://mentor.duden.de/

Schreibassistenz:
LanguageTool: languagetool.org/de

Stil- und Verständlichkeitsprüfung:
www.blablameter.de/
www.leichtlesbar.ch
www.wortliga.de

Schreibtools:
Datenbank der Gesellschaft für Schreibdidaktik und Schreibforschung: http://schreibtools.gefsus.de/moodle/course/view.php?id=3

Geschlechtergerechte Sprache:
Leitfaden für eine geschlechtersensible Sprache 2017: 7. Aufl. Universität zu Köln. gb.uni-koeln.de
European Institute for Gender Equality: Gender-sensitive communication. https://eige.europa.eu/publications/gender-sensitive-communication

Schreiben im Studium

Norbert Franck 2022: Handbuch Wissenschaftliches Schreiben. 2. Aufl. Paderborn: Schöningh
Ders. 2022: Wissenschaftsdeutsch. Gute Texte schreiben. Ein Übungsbuch. Paderborn: Schöningh
Ders. 2021: Das Promotionshandbuch. 2. Aufl. Paderborn: Schöningh
Wolf-Dieter Narr, Joachim Stary (Hrsg.) 2016: Lust und Last des wissenschaftlichen Schreibens. 4. Aufl. Frankfurt/Main: Suhrkamp
Zentrum für Lehre und Lernen der Universität Wien: https://ctl.univie.ac.at/angebote-fuer-studierende/
Schreibzentrum der University of North Carolina: https://writingcenter.unc.edu/tips-and-tools/
Videotutorial der Universität Neu-Ulm: www.hnu.de/hochschule/einrichtungen-und-service/bibliothek/wissenschaftliches-arbeiten/videotutorials

Writing in English – Textos científicos – Tesi di laurea

Gerlinde Mautner, Christopher J. Ross 2023: English Academic Writing. A Guide for the Humanities and Social Sciences. München: UKV Verlag
Dirk Siepmann u. a. 2022: Writing in English. A Guide for Advanced Learners. 3. Aufl. Tübingen: Narr Francke Attempto Verlag
María Cristina Dalmagro, 2007: Cuando de textos científicos se trata – Guía práctica para la comunicación de los resultados de una investigación en Ciencias Sociales. 4. Aufl. Córdoba: Comunicarte

Massimo Bustreo 2015: Tesi di laurea step by step. La guida per progettare, scrivere e argomentare prove finali e scritti professionali senza stress. Milano: Hoepli

Schreiben im Beruf

Norbert Franck 2023: Praxishandbuch für Referent*innen.: 2. Aufl. Wiesbaden: Springer VS
Ders. 2021: Gekonnt texten. Wiesbaden: Springer VS

Abbildungen in Haus- und Abschlussarbeiten

Steffen-Peter Ballstaedt 2023: Wissenschaftliche Bilder: gut gestalten, richtig verwenden. München: UKV Verlag

Literatur[60]

Abdurahmanovic, Kemija; Hirschberg, Hannah 2021: Worauf achten Prüfer*innen bei dem Begutachten von Bachelorarbeiten. In: API Magazin 2. https://journals.sub.uni-hamburg.de/hup3/apimagazin/article/view/74/79

Abteilung Schulpädagogik 2021: Leitfaden zur Erstellung schriftlicher Qualifikationsarbeiten. Universität Osnabrück. http://www.paedagogik.uni-osnabrueck.de/fileadmin/user_upload/26.04.21_Leitfaden.pdf

Achtnich, Leonie u. a. 2018: Leitfaden zum Verfassen von Hausarbeiten. Freie Universität Berlin. Peter Szondi-Institut für Allgemeine und Vergleichende Literaturwissenschaft. http://www.geisteswissenschaften.fu-berlin.de/we03/media/pdf/Leitfaden-zum-Verfassen-von-Hausarbeiten_2018.pdf

Adorno, Theodor W. [1945]: Minima Moralia. Reflexionen aus dem beschädigten Leben. Gesammelte Schriften Band 4. 10. Aufl. Frankfurt/Main 2016

Arbeitsgruppe Mehrsprachigkeit und Bildung. Institut für Erziehungswissenschaft. Universität Münster 2020: Leitfaden zum Verfassen der Masterarbeit. http://www.uni-muenster.de/imperia/md/content/ew/arbeitsbereiche/leitfaden_zum_verfassen_einer_abschlussarbeit_stand_25.06.2020_busse.pdf

Bartels, Inga 2019: Genderneutral sprechen wirkt. Der Tagesspiegel vom 16. Oktober

Becker, Howard S. 2000: Die Kunst des professionellen Schreibens. 2. Aufl. Frankfurt/Main, New York: Campus Verl.

Becker, Michael 2013: Hinweise zur Anfertigung eines Literatur-Reviews. http://www.caterdev.de/wp-content/uploads/2013/04/reviews.pdf

Bénabou, Marcel 1980: Warum ich keines meiner Bücher geschrieben habe. Frankfurt/Main: Frankfurter Verlagsanstalt

Bewertungskriterien 2015: Worauf es bei einer Bachelorarbeit ankommt. Universität Mannheim, Abteilung VWL. http://www.vwl.uni-mannheim.de/media/Fakultaeten/vwl/Dokumente/Leitfaden_Bewertungskriterien.pdf

Böhmermann, Jan 2022: Post vom 13.12. https://twitter.com/janboehm/status/1602639075919405056

---

60 Alle Links wurden am 10.9.2024 überprüft.

Daston, Lorraine 2023: Warum nicht der, die und das abschaffen? Interview. Die Zeit vom 29. Oktober. www.zeit.de/2023/45/gendergerechte-sprache-lorraine-daston-regeln

Dudenredaktion 2013: Handbuch korrekt und stilsicher schreiben. Berlin: Bibliographisches Institut

Capote, Truman: Jane Bowles. In: Wenn die Hunde bellen. 2. Aufl. Reinbek: Rowohlt, S. 46–51

Cooper, Harris 1988: Organizing knowledge syntheses: A taxonomy of literature reviews. In: Knowledge, Technology & Policy H. 1, 104–126. https://link.springer.com/article/10.1007/BF03177550

Craig, Gorden A. 1985: Über die Deutschen. München: dtv

Cronqvist, Lasse 2018: Wissenschaftliches Schreiben in der politikwissenschaftlichen Hochschullehre. Frankfurt/Main: Wochenschau Verl.

Debrebant, Serge 2009: Wie die Uni uns versaut. In: Zeit Campus vom 18. 02. 2009. zeit.de/campus/2009/02/studentensprache

Eco, Umberto 2020: Wie man eine wissenschaftliche Abschlussarbeit schreibt. 14. Aufl. Wien: facultas

Esselborn-Krumbiegel, Helga 2017: Richtig wissenschaftlich schreiben. 5. Aufl. Paderborn: Schöningh

Fakultät für Erziehungswissenschaft 2021: Leitfaden zum Verfassen eines Exposés. Universität Bielefeld. http://www.uni-bielefeld.de/fakultaeten/erziehungswissenschaft/studium-und-lehre/einrichtungen/bie/studientechniken-zitation/Handreichung_Leitfaden-Expose_web.pdf

Fonck, Leopold 1908: Wissenschaftliches Arbeiten. Beiträge zur Methodik des akademischen Studiums. Innsbruck: Rauch

Franck, Norbert 2023: Praxishandbuch für Referent*innen. 2. Aufl. Wiesbaden: Springer VS

Franck, Norbert 2022: Wissenschaftsdeutsch. Paderborn: Schöningh

Franck, Norbert 2021: Das Promotionshandbuch. 2. Aufl. Paderborn: Schöningh

Franck, Norbert 2020: Schlüsselqualifikationen für den Beruf. Paderborn: Schöningh

Franck, Norbert 2017: Handbuch Wissenschaftliches Arbeiten. 3. Aufl. Paderborn: Schöningh

Frehler, Tim; Müller-Lancé, Kathrin 2023: Die Sternchen-Krieger. Süddeutsche Zeitung vom 15. Dezember. https://l1nq.com/15C6e

Geisel, Sieglinde 2018: Der beschwerliche Weg der Gedanken vom Papier in den Kopf. Tell. Magazin für Literatur und Zeitgenossenschaft. tell-review.de/der-beschwerliche-weg-der-gedanken-vom-papier-in-den-kopf/

Gemeinsames Positionspapier des Allgemeinen Fakultätentags, der Fakultätentage und des Deutschen Hochschulverbands 2012: Gute wissenschaftliche Praxis für das Verfassen wissenschaftlicher Qualifikationsarbeiten. http://www.hochschulverband.de/fileadmin/redaktion/download/pdf/resolutionen/Gute_wiss._Praxis_Fakultaetentage.pdf

Gliederung für systematische Reviews 2018: Psychologisches Institut Johannes-Gutenberg-Universität Mainz. https://bildungswissenschaften.psychologie.sowi.uni-mainz.de/files/2015/06/lit_arbeit.pdf

Literatur

Goethe, Johann Wolfgang von 1948 ff.: Gedenkausgabe der Werke, Briefe und Gespräche. Herausgegeben von Ernst Beutler. Zürich und Stuttgart: Artemis
Groebner, Valentin 2014: Wissenschaftssprache digital. Konstanz: University Press
Groebner, Valentin 2012: Wissenschaftssprache. Konstanz: University Press
Groebner, Valentin 2012a: „Sprachstyropor macht mir schlechte Laune". Interview. Spiegel online vom 12. Mai. https://lmy.de/NSVs
Gruber, Maria 2017: Sensibilisierung Studierender der Beruflichen Bildung für sprachliche und kulturelle Diversität. München: Technische Universität, TUM School of Education. Diss.
Habermas, Jürgen 2022: Überlegungen und Hypothesen zu einem erneuten Strukturwandel der politischen Öffentlichkeit. In: Ders.: Neuer Strukturwandel der Öffentlichkeit und die deliberative Politik. 9–69. Berlin: Suhrkamp
Habermas Jürgen 2020: „So viel Wissen über unser Nichtwissen gab es noch nie". Interview. Frankfurter Rundschau vom 15. April. https://linq.com/nwk9L
Hacke, Axel 2023: Über die Heiterkeit in schwierigen Zeiten und die Frage, wie wichtig uns der Ernst des Lebens sein sollte. Köln: DuMont
Hägglund, Anna Erika; Lörz, Markus 2020: Warum wählen Männer und Frauen unterschiedliche Studienfächer? Zeitschrift für Soziologie, vol. H. 1, S. 66–86. https://doi.org/10.1515/zfsoz-2020-0005
Hanisch, Charlotte & Team 2017: Leitfaden für die Anfertigung von Bachelorarbeiten. Universität zu Köln. https://www.hf.uni-koeln.de/data/psaglauth/File/BAThesisLeitfadenStand_020321.pdf
Hapke, Thomas 2015: Systematische Literatur-Reviews. https://blog.hapke.de/information-literacy/systematische-literatur-reviews/
Hapke, Thomas 2015a: Systematisches Literatur-Review. http://www.tub.tuhh.de/wissenschaftliches-arbeiten/2015/02/13/systematisches-literatur-review/#more-359
Harnack, Adolf von 1911: Über Anmerkungen in Büchern. In: Aus Wissenschaft und Leben, Bd. 1. Gießen: Töpelmann, S. 148–162
Hebbel, Friedrich [1836]: Tagebücher. Bd. 1. München 1984: dtv
Hentschel, Wolfgang; Richter, Sascha 2023: CDU will gesetzliches Genderverbot. MDR vom 13. September. https://acesse.dev/4Uf66
Holzkamp, Klaus 1995: Lernen. Subjektwissenschaftliche Grundlegung. Frankfurt/Main, New York: Campus Verl.
Institut für Sprach-, Medien- und Musikwissenschaft 2020: Leitfaden zur Erstellung wissenschaftlicher Arbeiten in der Abteilung Medienwissenschaft. Universität Bonn. https://lmy.de/bsOs
Jägermeyr, Jonas 2017: Assessing opportunities to increase global food production within the safe operating space for human freshwater use. Berlin: Humboldt-Universität zu Berlin, Mathematisch-Naturwissenschaftliche Fak., Diss.
Kant. Immanuel [1784]: Was ist Aufklärung. In: Ehrhard Bahr (Hrsg.): Was ist Aufklärung? Stuttgart: Reclam 1974, S. 9–17 (Neue Ausgabe, herausgegeben von Barbara Stollberg-Rilinger: Stuttgart 2011)
Kehlmann, Daniel 2018: Im Gespräch mit Salman Rushdie. SZ.Magazin vom 2. März.

Kersken, Michael 2009: Anleitung zur Erstellung eines Exposees. Zur systematischen Planung einer Haus- oder Abschlussarbeit. Universität Duisburg-Essen. http://www.uni-due.de/imperia/md/content/politik/anleitung_exposee.pdf

Keseling, Gisbert 2013: Schreibblockaden überwinden. In: Norbert Franck, Joachim Stary (Hrsg.): Die Technik wissenschaftlichen Arbeitens. 17. Aufl. Paderborn: Schöningh, S. 191–216

Klein, Andrea 2023: „Die Hausarbeit ist tot, es lebe die Hausarbeit!" – Entwicklungsorientierung, wissenschaftliches Arbeiten und KI gemeinsam denken. https://hochschulforumdigitalisierung.de/blog/die-hausarbeit-ist-tot-es-lebe-die-hausarbeit-entwicklungsorientierung-wissenschaftliches-arbeiten-und-ki-gemeinsam-denken

Knolle, Nils 2020: Musikmachen im 20. Jahrhundert. Auf dem Weg zum virtuellen Tonstudio im Internet. In: Magdeburger Wissenschaftsjournal H. 2, S. 3–13. https://journals.ub.ovgu.de/index.php/wj-online/article/view/1830

Knorr-Cetina, Karin 2016: Die Fabrikation von Erkenntnis. 4. Aufl. Frankfurt/Main: Suhrkamp

Krull, Wilhelm 2023: Der Raum für Kreativität ist geschrumpft. Interview. Die Zeit Nr. 3 vom 12. Januar

Kruse, Otto 2007: Keine Angst vor dem leeren Blatt. 12. Aufl. Frankfurt/Main, New York: Campus Verl.

Kubina, Michael 2020: Exposé zur Bachelorarbeit: Bibliotheken in der Transformation zu Smart Libraries. In: API 1. https://journals.sub.uni-hamburg.de/hup3/apimagazin/article/view/17

Lange, Jette u. a. 2016: Leitfaden zum Verfassen einer Bachelorarbeit. Universität Osnabrück, Institut für Gesundheitsforschung und Bildung. http://www.igb.uni-osnabrueck.de/fileadmin/documents/public/Fachgebiete/Pflegewissenschaft/Studieng%C3%A4nge/Leitfaden_Bachelorarbeit_2016.pdf

Lantsoght, Eva O. L. 2018: The A–Z of the PhD Trajectory. Cham: Springer International

Leitfaden Selbstreferenz 2015: Ich, man wir? Möglichkeiten der Selbstreferenz. Universität Mannheim. Abteilung VWL. https://www.uni-mannheim.de/media/Fakultaeten/vwl/Dokumente/Leitfaden_Selbstreferenz.pdf/flipbook

Lütge, Paul 2024: „Manche brauchen die Prokrastination, um überhaupt etwas erledigen zu können. In: Zeit Campus Mental Health, S. 26–28

Maar, Michael 2020: Die Schlange im Wolfspelz. Hamburg: Rowohlt

Mann, Thomas [1947]: Doktor Faustus. Frankfurt/Main: Fischer 1977

Markard, Morus 2005: Wissenschaft, Kritik und gesellschaftliche Herrschaftsverhältnisse. In: Christina Kaindl (Hrsg.): Kritische Wissenschaften im Neoliberalismus. Marburg: BdWi-Verlag, S. 19–30

Mayr, Patrick Tassilo 2018: Die Impfgegnerschaft in Hessen – Motivationen und Netzwerk (1874–1914). Marburg: Philipps-Universität, Fachbereich Medizin. Diss.

Merkblatt zur Erstellung von Bachelorarbeiten 2018: Psychologisches Institut. Johannes Gutenberg-Universität Mainz. https://bildungswissenschaften.psychologie.sowi.uni-mainz.de/files/2018/08/merkblatt_2018-08-09.pdf

Morgenstern, Christian 1914: Wer vom Ziel nicht weiß. In: Ders.: Wir fanden einen Pfad. München: Piper, S. 40-41

Mohr, Gunda 2023: Übersicht zu ChatGPT im Kontext Hochschullehre. Universität Hamburg. Hamburger Zentrum für universitäres Lehren und Lernen. http://www.hul.uni-hamburg.de/selbstlernmaterialien/dokumente/hul-chatgpt-im-kontext-lehre-2023-01-20.pdf

Mounk, Yascha 2016: Sag es einfach! Die Zeit Nr. 17 vom 14. April

Musil, Robert 1970: Der Mann ohne Eigenschaften. Reinbek: Rowohlt

Narr, Wolf-Dieter 2013: Was ist Wissenschaft? Was heißt wissenschaftliches Arbeiten? Was bringt ein wissenschaftliches Studium? In: Norbert Franck, Joachim Stary (Hrsg.): Die Technik wissenschaftlichen Arbeitens. 17. Aufl. Paderborn: Schöningh, S. 15-32

Newman, Mark; Gough, David 2020: Systematic Reviews in Educational Research. Methodology, Perspectives and Application. In: Olaf Zawacki-Richter u.a. (Hrsg.): Systematic Reviews in Educational Research. Wiesbaden: Springer VS, 3-22. https://link.springer.com/book/10.1007/978-3-658-27602-7

Nimz, Ulrike 2022: CDU und AfD gemeinsam gegen Gendern. Süddeutsche Zeitung vom 11. November. https://linq.com/Jpvsf

Olderdissen, Christine 2022: Genderleicht: Wie Sprache für alle elegant gelingt. Berlin: Dudenverlag

Oppenheimer, Daniel M. 2006: Consequences of Erudite Vernacular Utilized Irrespective of Necessity: Problems with Using Long Words. In: Applied Cognitive Psychology. H. 20; S. 139-156

Pädagogische Hochschule Weingarten 2021: Strukturierungshilfe - Exposé für Abschlussarbeiten (BA oder MA) im Fach Erziehungswissenschaft. https://ew.ph-weingarten.de/fileadmin/redakteure/Subdomains/Erziehungswissenschaft/Aktuelles/Strukturierungshilfe_-_Expose.pdf

Pfalzgraf, Falco 2024: Widerstand gegen die Verwendung geschlechtergerechter Sprache als neue Facette des Sprachpurismus. Eine Untersuchung der Positionen des Vereins Deutsche Sprache (VDS). In: Muttersprache 134 (2024) 1, 1-18

Pinker, Steven 2015: The Sense of Style. London: Penguin Books

Popper, Karl Raimund 1991: Auf der Suche nach einer besseren Welt. 6. Aufl. München, Zürich: Piper

Prexl, Lydia 2019: Mit digitalen Quellen arbeiten. 3. Aufl. Paderborn: Schöningh

Prexl, Lydia 2016: Mit der Literaturübersicht die Bachelorarbeit meistern. Konstanz: UKV Verlag

Probst, Maximilian 2018: Danke, Mama. Die Zeit. Nr. 8 vom 15. Februar. www.zeit.de/2018/08/widmung-wissenschaftliche-arbeiten-professoren

Püschel, Edith 2017: Selbstmanagement und Zeitplanung. 2. Aufl. Paderborn: Schöningh

Pusch, Luise F. 2020: „Unsere Grammatik widerspricht dem Grundgesetz". Interview. Süddeutsche Zeitung Magazin H. 22 vom 22. Dezember.

Rademacher Inga 2017: Common Ground: Justifications of Neoliberal Tax Cuts in the US and Germany. Osnabrück. Universität Osnabrück, FB Kultur- und Sozialwissenschaften, Diss.

Raphael, Lutz 2019: Jenseits von Kohle und Stahl. Eine Gesellschaftsgeschichte Westeuropas nach dem Boom. Bonn: Bundeszentrale für politische Bildung

Rowland, D. R. (O. J.): Reviewing the Literature. A Short Guide for Research Students. Uq.edu.au/student-services/pdf/learning/lit-reviews-for-rx-students-v7.pdf

Sahner Simon; Stähr, Daniel 2024: Die Sprache des Kapitalismus. Frankfurt/Main: S. Fischer

Scholz, Anna-Lena (2023): Der unscharfe Blick. Die Zeit Nr. 30 vom 13. Juli

Schopenhauer, Arthur [1851]: Parerga und Pralopomenta. In: Sämtliche Werke Bd. 5. Herausgegeben von Paul Deusen. München: Piper 1913

Schreibberatung 2014: Wie schreibt man einen Literaturbericht. Universität Mannheim, Abteilung VWL. www.vwl.uni-mannheim.de/media/Fakultaeten/vwl/Dokumente/Leitfaden_Literaturuebersicht.pdf

Schumacher, Regine 2017: Schreiben in den Literaturwissenschaften. Stuttgart: Fink

Schwanitz, Dietrich 2002: Bildung. München: Goldmann

Sennewald, Nadja 2021: Schreiben, Reflektieren, Kommunizieren. Studie zur subjektiven Wahrnehmung von Schreibprozessen bei Studierenden. Bielefeld: wbv Media

Spannagel, Christian 2023: Rules for Tools. Pädagogische Hochschule Heidelberg. https://csp.uber.space/phhd/rulesfortools.pdf

Steinke, Ronen 2024: Krieg der Sterne. Süddeutsche Zeitung Nr. 112 vom 16. Mai

Steinke, Ronen 2023: Klartext, bitte. Süddeutsche Zeitung Nr. 155 vom 8./9. Juli

Stemmler, Theo (o. J.): Zehn Stilregeln für wissenschaftliche Texte. http://www.uni-mannheim.de/media/Einrichtungen/Stiftungen_weitere/Zehn_Stilregeln.pdf

Stingelin, Martin 2015: „Unser Schreibzeug arbeitet mit an unseren Gedanken." In: Sandro Zanetti (Hrsg.): Schreiben als Kulturtechnik. 2. Aufl. Frankfurt/Main: Suhrkamp, S. 283–317

Stitzel Michael 2016: Zur Kunst des wissenschaftlichen Schreibens – bitte mehr Leben und eine Prise Belletristik. In: Wolf-Dieter Narr, Joachim Stary (Hrsg.) 2016: Lust und Last des wissenschaftlichen Schreibens. 4. Aufl. Frankfurt/Main: Suhrkamp, S. 140–147

Strehlow, Nele, 2020: Exposé zur Bachelorarbeit: Anforderungen an das Forschungsdatenmanagement an Fachhochschulen/Hochschulen für Angewandte Wissenschaften. In: API 2. https://journals.sub.uni-hamburg.de/hup3/apimagazin/article/view/33

Taddicken, Monika; Wicke, Nina; Willems, Katharina 2020: Verständlich und kompetent? Eine Echtzeitanalyse der Wahrnehmung und Beurteilung von Expert*innen in der Wissenschaftskommunikation. In: M&K Medien & Kommunikationswissenschaft Heft 1–2, S. 50–72

Thieltges, Andree; Hegelich, Simon 2017: Manipulation in sozialen Netzwerken. In: Zeitschrift für Politik. H. 4, S. 493–512. www.jstor.org/stable/26429625

Tucholsky, Kurt 1993: Gesammelte Werke. Herausgegeben von Mary Gerold-Tucholsky und Fritz J. Raddatz. Reinbek: Rowohlt

Ueding, Gert 1996: Rhetorik des Schreibens. 4. Aufl. Weinheim: Beltz Athenäum

Utz, Thomas 2024: Exposé zur Bachelorarbeit: Kooperative Aussonderung von Printbeständen an wissenschaftlichen Bibliotheken in Hamburg. API 5. https://journals.sub.uni-hamburg.de/hup3/apimagazin/article/view/161

Vode, Dzifa 2023: Über das Schreiben sprechen. Bielefeld: wbv Media

Wallace, David Foster 2017: Das hier ist Wasser/This is Water. 19. Aufl. Köln: Kiepenheuer Witsch

Wildenhain, Michael 2017: Das Singen der Sirenen. Stuttgart: Klett-Cotta

Willems, Ariane S.: Leitfaden: Das systematische Review. http://www.uni-goettingen.de/de/document/download/86db89757b07af3aee23b6b579d262c8.pdf/Leitfaden_Systematisches%20Review_20220510.pdf

Ziegler, Birgit (o. J.): Anleitung zum Verfassen eines Exposés für eine wissenschaftliche Abschlussarbeit. TU Darmstadt. Arbeitsbereich Berufspädagogik. http://www.abpaed.tu-darmstadt.de/media/abpaed_bp/wissenschaftliches_arbeiten/Anleitung_Exposee_detailliert.pdf

Zips, Martin 2021: Hallo Menschen. Süddeutsche Zeitung Nr. 159 vom 14. Juli.

Zöllner, Jürgen 2024: Tabus und Fälschungen. Wie die Wissenschaft ihre Freiheit bedroht. Tagesspiegel vom 15. März.

SPRINGER NATURE

GPSR Compliance

The European Union's (EU) General Product Safety Regulation (GPSR) is a set of rules that requires consumer products to be safe and our obligations to ensure this.

If you have any concerns about our products, you can contact us on ProductSafety@springernature.com

In case Publisher is established outside the EU, the EU authorized representative is:

Springer Nature Customer Service Center GmbH
Europaplatz 3
69115 Heidelberg, Germany

The manufacturer's authorised representative in the EU is Springer Nature Customer Service Centre GmbH, Europaplatz 3, 69115 Heidelberg, Germany. If you have any concerns regarding our products, please contact ProductSafety@springernature.com

Printed and bound by CPI Group (UK) Ltd, Croydon, CR0 4YY
23/03/2026
02076457-0003